中华人民共和国
未成年人保护法

案例注释版

中国法治出版社
CHINA LEGAL PUBLISHING HOUSE

图书在版编目（CIP）数据

中华人民共和国未成年人保护法：案例注释版／中国法治出版社编. -- 2版. -- 北京：中国法治出版社，2025.5. --（法律法规案例注释版）. -- ISBN 978-7-5216-5295-6

Ⅰ.D922.75

中国国家版本馆CIP数据核字第20258M1Q70号

责任编辑：谢 雯　　　　　　　　　　　　　封面设计：杨泽江

中华人民共和国未成年人保护法：案例注释版
ZHONGHUA RENMIN GONGHEGUO WEICHENGNIANREN BAOHUFA：ANLI ZHUSHIBAN

经销/新华书店
印刷/三河市国英印务有限公司
开本/880毫米×1230毫米　32开　　　　印张/ 7.75　字数/ 186千
版次/2025年5月第2版　　　　　　　　　2025年5月第1次印刷

中国法治出版社出版
书号 ISBN 978-7-5216-5295-6　　　　　　　　　　定价：25.00元

北京市西城区西便门西里甲16号西便门办公区
邮政编码：100053　　　　　　　　　　　传真：010-63141600
网址：http://www.zgfzs.com　　　　　　编辑部电话：010-63141784
市场营销部电话：010-63141612　　　　　印务部电话：010-63141606

（如有印装质量问题，请与本社印务部联系。）

出版说明

我国各级人民法院作出的生效裁判是审判实践的结晶，是法律适用在社会生活中真实、具体而生动的表现，是连接抽象法律与现实纠纷的桥梁。因此，了解和适用法律最好的办法，就是阅读、参考已发生并裁判生效的真实案例。从广大读者学法、用法以及法官、律师等司法实务人员工作的实际需要出发，我们组织编写了这套"法律法规案例注释版"丛书。该丛书侧重"以案释法"，期冀通过案例注释法条的方法，将法律条文与真实判例相结合，帮助读者准确理解与适用法律条文，并领会法律制度的内在精神。

丛书最大的特点是：

一、**专业性**。丛书所编选案例的原始资料基本来源于各级人民法院已经审结并发生法律效力的裁判文书，从阐释法律规定的需要出发，加工整理而成。对于重点法条，则从全国人大常委会法工委等对条文的解读中提炼条文注释。

二、**全面性**。全书以主体法为编写主线，并辅之以条文主旨、条文注释、实用问答、典型案例、相关规定等，囊括了该法条的理论阐释和疑难问题，帮助读者全面理解法律知识体系。

三、**示范性**。裁判案例是法院依法对特定主体之间在特定时间、地点发生的法律纠纷作出的裁判，其本身具有真实性、指导性和示范性的特点。丛书选择的案例紧扣法律条文规定，精选了最高人民法院、最高人民检察院公布的指导案例等典型案例，对于读者有很强的参考借鉴价值。

四、实用性。每本书通过实用问答模块，以问答的方式解答实务中的疑难问题，帮助读者更好地解决实际问题。丛书设置"相关案例索引"栏目，列举更多的相关案例，归纳出案件要点，以期通过相关的案例，进一步发现、领会和把握法律规则、原则，从而作为解决实际问题的参考，做到举一反三。

五、便捷性。丛书采用大字排版、双色印刷，清晰疏朗，提升了读者的阅读体验。我们还在部分分册的主体法律文件之后收录重要配套法律文件，以及相应的法律流程图表、文书等内容，方便读者查找和使用。

希望本丛书能够成为广大读者学习、理解和适用法律的得力帮手！

适用提示

《中华人民共和国未成年人保护法》（以下简称《未成年人保护法》）于1991年9月4日第七届全国人民代表大会常务委员会第二十一次会议通过，2006年12月29日第十届全国人民代表大会常务委员会第二十五次会议第一次修订，根据2012年10月26日第十一届全国人民代表大会常务委员会第二十九次会议《关于修改〈中华人民共和国未成年人保护法〉的决定》第一次修正，2020年10月17日第十三届全国人民代表大会常务委员会第二十二次会议第二次修订，根据2024年4月26日第十四届全国人民代表大会常务委员会第九次会议《关于修改〈中华人民共和国农业技术推广法〉、〈中华人民共和国未成年人保护法〉、〈中华人民共和国生物安全法〉的决定》第二次修正。

《未成年人保护法》共计132条，确立了家庭、学校、社会、网络、政府、司法"六大保护"的法律结构，该法的主要内容是：

一、总则

《未成年人保护法》作为未成年人保护领域的综合性法律，对未成年人享有的权利、未成年人保护的基本原则和未成年人保护的责任主体等作出明确规定。2020年修订新增了最有利于未成年人原则；强化了父母或者其他监护人的第一责任；确立了国家亲权责任，明确在未成年人的监护人不能履行监护职责时，由国家承担监护职责；增设了发现未成年人权益受侵害后的强制报告制度。

二、家庭保护

父母或者其他监护人是保护未成年人的第一责任人，家庭是未成年人最先开始生活和学习的场所。2020年修订细化了家庭监护职责，具体列举监护应当做的行为、禁止性行为和抚养注意事项；突出家庭教育；增加监护人的报告义务；针对农村留守儿童等群体的监护缺失问题，完善了委托照护制度。

三、学校保护

学校是未成年人成长过程中至关重要的场所。2020年修订从教书育人和安全保障两个角度规定学校、幼儿园的保护义务。"教书育人"方面主要完善了学校、幼儿园的教育、保育职责；"安全保障"方面主要规定了校园安全的保障机制以及突发事件的处置措施，增加了学生欺凌及校园性侵的防控与处置措施。

四、社会保护

社会环境是未成年人成长的大背景大环境，影响着未成年人的健康成长。2020年修订增加了城乡基层群众性自治组织的保护责任；拓展了未成年人的福利范围；对净化社会环境提出了更高要求；强调了公共场所的安全保障义务；为避免未成年人遭受性侵害、虐待、暴力伤害等侵害，创设了密切接触未成年人行业的从业查询及禁止制度。

五、网络保护

随着信息技术的快速发展，网络空间作为家庭、学校、社会等现实世界的延展，已经成为未成年人成长的新环境。2020年修订适应客观形势的需要，增设"网络保护"专章，对网络保护理念、网络环境管理、相关企业责任、网络信息管理、个人网络信息保护、网络沉迷防治等作出全面规范，力图实现对未成年人的线上线下全方位保护。

六、政府保护

政府在未成年人保护工作中承担着主体责任。2020年修订增设"政府保护"专章，明确国务院和县级以上地方人民政府应当建立未成年人保护工作协调机制，细化政府及其有关部门的职责，并对国家监护制度作出详细规定。

七、司法保护

未成年人司法保护主要涉及四个方面：一是司法活动中对未成年人保护的共性要求；二是特定类型民事案件中对未成年人的保护；三是刑事案件中对未成年被害人的保护；四是对违法犯罪未成年人的保护。2020年修订细化了原《未成年人保护法》司法保护专章和刑事诉讼法未成年人刑事案件诉讼程序专章的有关内容，进一步强调司法机关专门化问题，同时补充完善相关规定，以实现司法环节的未成年人保护全覆盖。

2024年的修正对未成年人保护工作统筹协调机制作出相应调整，进一步明确了各级政府在未成年人保护工作中的职责，确保保护工作得到有效组织和实施。

目　录

中华人民共和国未成年人保护法

第一章　总　则

第一条　【立法目的和依据】 …………………………… 2
第二条　【未成年人的定义】 …………………………… 2
第三条　【未成年人平等享有权利】 …………………… 3
第四条　【未成年人保护的基本原则和要求】 ………… 3
第五条　【对未成年人进行教育】 ……………………… 5
第六条　【保护未成年人的共同责任】 ………………… 6
● 典型案例
　　江苏省宿迁市人民检察院诉章某未成年人保护民事公
　　益诉讼案 …………………………………………… 6
第七条　【监护人和国家在监护方面的责任】 ………… 8
● 典型案例
　1. 黄某祥犯强奸罪案 ………………………………… 8
　2. 王某某拐骗儿童案 ………………………………… 10

第 八 条　【发展规划及预算】 …………………………………… 11
第 九 条　【各级人民政府职责】 ………………………………… 11
第 十 条　【群团组织及社会组织的职责】 ……………………… 12
　●典型案例
　　某妇联诉胡某、姜某某抚养纠纷案 ……………………………… 12
第十一条　【检举、控告和强制报告制度】 ……………………… 13
　●典型案例
　　1. 陆某某涉嫌猥亵案 …………………………………………… 15
　　2. 李某某涉嫌强奸案 …………………………………………… 17
　　3. 朱某某等人涉嫌强奸案 ……………………………………… 18
　　4. 许某某等人强奸案 …………………………………………… 20
　　5. 张某猥亵儿童案 ……………………………………………… 22
　　6. 孙某汝强奸案 ………………………………………………… 24
　　7. 王某故意伤害案 ……………………………………………… 25
　　8. 陈某甲过失致人死亡案 ……………………………………… 26
　　9. 李某某强奸案 ………………………………………………… 28
　　10. 杨某甲虐待案 ………………………………………………… 30
　　11. 姚某甲强奸案 ………………………………………………… 32
　　12. 高某某虐待案 ………………………………………………… 34
　　13. 四川某酒店履行报告责任案 ………………………………… 36
第十二条　【科学研究】 …………………………………………… 37
第十三条　【统计调查制度】 ……………………………………… 37
第十四条　【表彰和奖励】 ………………………………………… 38

第二章 家庭保护

第 十 五 条　【监护人及成年家庭成员的家庭教育职责】 ……… 38

第 十 六 条　【监护职责】 …………………………………… 40
  ● 典型案例
    江某诉钟某变更抚养关系案 …………………………… 42

第 十 七 条　【监护禁止行为】 ……………………………… 44
  ● 典型案例
    1. 林某某被撤销监护人资格案 ………………………… 45
    2. 岳某某被撤销监护人资格案 ………………………… 46
    3. 耿某某、马某被撤销监护人资格案 ………………… 47
    4. 周某被撤销监护人资格案 …………………………… 49

第 十 八 条　【监护人的安全保障义务】 …………………… 50
  ● 典型案例
    吴某某被撤销监护人资格案 …………………………… 51

第 十 九 条　【尊重未成年人的知情权】 …………………… 53
第 二 十 条　【监护人的报告义务】 ………………………… 54
第二十一条　【临时照护及禁止未成年人单独生活】 ……… 54
第二十二条　【设立长期照护的条件】 ……………………… 55
第二十三条　【设立长期照护的监护人的义务】 …………… 57
第二十四条　【父母离婚对未成年子女的义务】 …………… 57
  ● 典型案例
    文某东强奸案 …………………………………………… 59

3

第三章 学校保护

第二十五条 【全面贯彻国家教育方针政策】 …………… 60

第二十六条 【幼儿园的保育教育职责】 ………………… 61

第二十七条 【尊重未成年人人格尊严,不得实施体罚】 …… 61

● 典型案例

　黄某虐待被看护人案 ……………………………… 62

第二十八条 【保障未成年学生受教育权利】 …………… 63

第二十九条 【关爱帮扶、不得歧视】 …………………… 64

第 三 十 条 【社会生活指导、心理健康辅导、青春期教育、生命教育】 ……………………………… 64

● 典型案例

　石某某强奸、敲诈勒索案 ………………………… 65

第三十一条 【加强劳动教育】 …………………………… 66

第三十二条 【反对浪费、文明饮食】 …………………… 66

第三十三条 【保障未成年学生休息权】 ………………… 66

第三十四条 【学校、幼儿园的卫生保健职责】 ………… 67

第三十五条 【保障未成年人校园安全】 ………………… 68

● 典型案例

　1. 高某某与赵某某、某小学等健康权纠纷案 ………… 69

　2. 肖某诉吉安某小学、保险公司教育机构责任纠纷案 …… 70

　3. 方某与李某、某校外活动中心教育机构责任纠纷案 …… 72

第三十六条 【校车安全管理制度】 ……………………… 73

第三十七条 【突发事件处置】 …………………………… 74

第三十八条 【禁止商业行为】 ………………………… 74
第三十九条 【防治学生欺凌】 ………………………… 75
- ●典型案例
  1. 朱某等寻衅滋事案 ……………………………… 75
  2. 汤某某强制侮辱案 ……………………………… 76

第 四 十 条 【防治性侵害、性骚扰】 ………………… 78
- ●典型案例
  1. 王某乙强奸案 …………………………………… 78
  2. 邹某某猥亵儿童案 ……………………………… 79
  3. 被告人张某某强奸案 …………………………… 80
  4. 李某顺强奸、猥亵儿童案 ……………………… 81
  5. 董某强奸案 ……………………………………… 83
  6. 魏某志猥亵儿童案 ……………………………… 84
  7. 李某新猥亵儿童案 ……………………………… 86
  8. 刘某芳等介绍卖淫案 …………………………… 87

第四十一条 【参照适用规定】 ………………………… 89
- ●典型案例
  1. 原告周某诉被告张某、第三人张某某健康权纠纷案 ……… 90
  2. 刘某某、白某与某母婴护理公司侵权责任纠纷案 ………… 91

第四章 社会保护

第四十二条 【社会保护的基本内容】 ………………… 92
第四十三条 【居民委员会、村民委员会工作职责】 …… 92
第四十四条 【公用场馆的优惠政策】 ………………… 94

第四十五条 【未成年人免费或者优惠乘坐交通工具】……… 94
第四十六条 【母婴设施的配备】……………… 94
第四十七条 【不得限制针对未成年人的照顾或者优惠】… 95
第四十八条 【鼓励有利于未成年人健康成长的创作】… 95
第四十九条 【新闻媒体的责任】………………… 95

● 典型案例

  付某某诉某网络公司、某教育中心名誉权、隐私权纠纷案 ……………………………………………… 96

第 五 十 条 【禁止危害未成年人身心健康的内容】…… 97
第五十一条 【提示可能影响未成年人身心健康的内容】… 98
第五十二条 【禁止儿童色情制品】………………… 98

● 典型案例

  1. 乔某某以视频裸聊方式猥亵儿童案 ……………… 98
  2. 叶某甲通过网络向未成年人贩卖毒品案 ………… 99
  3. 王某以招收童星欺骗猥亵儿童案 ……………… 100

第五十三条 【与未成年人有关的广告管理】………… 101
第五十四条 【禁止严重侵犯未成年人权益的行为】…… 101

● 典型案例

  1. 被告人何某强奸、强迫卖淫、故意伤害被判死刑案… 102
  2. 被告人赵某某强奸被判死刑案 ………………… 103
  3. 张某等寻衅滋事、敲诈勒索、非法拘禁案 ……… 104
  4. 古某引诱、教唆他人吸毒、容留他人吸毒案 …… 105
  5. 谢某某组织、领导黑社会性质组织、寻衅滋事、聚众斗殴、敲诈勒索、开设赌场、故意伤害案 … 107

6. 黎某甲寻衅滋事、妨害作证、故意伤害、非法采矿案……… 109

7. 靳某某妨害信用卡管理、非法拘禁、寻衅滋事案………… 111

第五十五条　【对生产、销售用于未成年人产品的要求】……… 113

● 典型案例

1. 钱某与某美容工作室、龙某生命权、身体权、健康权纠纷案……………………………………………… 113

2. 李某诉某乳业公司产品责任纠纷案……………………… 114

3. 颜某诉某孕婴用品店买卖合同纠纷案…………………… 115

4. 被告人靳某销售伪劣产品案……………………………… 116

5. 某餐饮管理公司诉某区市场监督管理局行政处罚案…… 117

第五十六条　【公共场所的安全保障义务】……………………… 119

第五十七条　【住宿经营者安全保护义务】……………………… 119

● 典型案例

1. 黄某某诉某某宾馆生命权、身体权、健康权纠纷案…… 119

2. 王某某与某宾馆住宿经营场所经营者安全保障责任纠纷案……………………………………………………… 120

第五十八条　【不适宜未成年人活动场所设置与服务的限制】………………………………………………… 122

第五十九条　【对未成年人禁售烟、酒和彩票】……………… 123

第六十条　【禁止向未成年人提供、销售危险物品】………… 123

第六十一条　【劳动保护】……………………………………… 123

● 典型案例

1. 范某等强迫劳动案………………………………………… 124

2. 胡某某、王某某诉德某餐厅、蒋某某等生命权纠纷案… 125

7

第六十二条 【从业查询】……………………………… 128
- 典型案例
  1. 马某虐待被看护人案…………………………… 129
  2. 王某显猥亵儿童案……………………………… 130

第六十三条 【通信自由和通信秘密】……………… 131

第五章 网络保护

第六十四条 【网络素养】……………………………… 132
- 典型案例
  1. 被告人王某利用网络强奸被判死刑案………… 132
  2. 李某某猥亵儿童案……………………………… 133
  3. 陈某犯强奸罪案………………………………… 134

第六十五条 【健康网络内容创作与传播】………… 135
第六十六条 【监督检查和执法】…………………… 136
第六十七条 【可能影响健康的网络信息】………… 136
第六十八条 【沉迷网络的预防和干预】…………… 137
- 典型案例
  被告人刘某某提供虚假网络技术诈骗案………… 137

第六十九条 【网络保护软件】……………………… 138
第 七 十 条 【学校对未成年学生沉迷网络的预防和处理】…… 139
第七十一条 【监护人的网络保护义务】…………… 140
- 典型案例
  被告人庞某甲等人约网友见面强奸案…………… 140

第七十二条 【个人信息处理规定以及更正权、删除权】……… 142

第七十三条　【私密信息的提示和保护义务】……………… 142

第七十四条　【预防网络沉迷的一般性规定】…………… 143

● 典型案例

刘某诉某科技公司合同纠纷案 ………………………… 143

第七十五条　【网络游戏服务提供者的义务】…………… 144

第七十六条　【网络直播服务提供者的义务】…………… 144

第七十七条　【禁止实施网络欺凌】……………………… 145

● 典型案例

施某通过裸贷敲诈勒索案 ……………………………… 145

第七十八条　【接受投诉、举报】………………………… 146

第七十九条　【投诉、举报权】…………………………… 147

第 八 十 条　【对用户行为的安全管理义务】…………… 147

第六章　政府保护

第八十一条　【政府、基层自治组织未成年人保护工作的
　　　　　　　落实主体】……………………………… 148

● 典型案例

某民政局诉刘某监护权纠纷案 ………………………… 149

第八十二条　【家庭教育指导服务】……………………… 150

第八十三条　【政府保障未成年人受教育的权利】……… 150

第八十四条　【发展托育、学前教育事业】……………… 150

第八十五条　【职业教育及职业技能培训】……………… 151

第八十六条　【残疾未成年人接受教育的权利】………… 151

第八十七条　【政府保障校园安全】……………………… 152

第八十八条　【政府保障校园周边安全】 ………………… 152
第八十九条　【未成年人活动场所建设和维护、学校文化
　　　　　　　体育设施的免费或者优惠开放】 …………… 152
第 九 十 条　【卫生保健、传染病防治和心理健康】 ……… 153
第九十一条　【对困境未成年人实施分类保障】 …………… 153
第九十二条　【民政部门临时监护】 ………………………… 154
第九十三条　【临时监护的具体方式】 ……………………… 155

● 典型案例

陈某与某市社会福利中心收养关系纠纷案 …………… 155

第九十四条　【长期监护的法定情形】 ……………………… 157
第九十五条　【民政部门长期监护未成年人的收养】 ……… 157
第九十六条　【民政部门承担国家监护职责的政府支持和
　　　　　　　机构建设】 …………………………………… 158
第九十七条　【建设全国统一的未成年人保护热线，支持
　　　　　　　社会力量共建未成年人保护平台】 ………… 159
第九十八条　【违法犯罪人员信息查询系统】 ……………… 159

● 典型案例

祁某猥亵儿童案 ………………………………………… 159

第九十九条　【培育、引导和规范社会力量参与未成年人
　　　　　　　保护工作】 …………………………………… 160

● 典型案例

张某申请国家司法救助案 ……………………………… 160

第七章 司法保护

第 一 百 条 【司法机关职责】………………………… 162
- 典型案例

  梁某某诉某县医疗保险事业管理局社会保障行政给付案…… 162

第一百零一条 【专门机构、专门人员及评价考核标准】………… 163

第一百零二条 【未成年人案件中语言、表达方式】………… 165

第一百零三条 【个人信息保护】………………… 165

第一百零四条 【法律援助、司法救助】………………… 165
- 典型案例

  小敏申请刑事被害人司法救助案 ………………… 166

第一百零五条 【检察监督】………………… 167

第一百零六条 【公益诉讼】………………… 167

第一百零七条 【继承权、受遗赠权和受抚养权保护】………… 168
- 典型案例

  1. 天津某银行股份有限公司与伏某、张某、沈某被继承人债务清偿纠纷案 ………………… 168
  2. 高某诉张某变更子女抚养关系案 ………………… 169
  3. 徐某乙诉石某某抚养费纠纷案 ………………… 170

第一百零八条 【人身安全保护令、撤销监护人资格】………… 171
- 典型案例

  1. 邵某某、王某某被撤销监护人资格案 ………………… 172
  2. 徐某被撤销监护人资格案 ………………… 173

第一百零九条 【社会调查】………………… 175

11

第一百一十条　【法定代理人、合适成年人到场】…………175
第一百一十一条　【特定未成年被害人司法保护】…………175
● 典型案例
　　杨某故意杀人案 ……………………………………176
第一百一十二条　【同步录音录像等保护措施】……………177
第一百一十三条　【违法犯罪未成年人的保护方针和原则】…178
● 典型案例
　　彭某某犯故意伤害罪案 ……………………………178
第一百一十四条　【司法机关对未尽保护职责单位的监督】…179
第一百一十五条　【司法机关开展未成年人法治宣传教育】…180
第一百一十六条　【社会组织、社会工作者参与未成年人
　　　　　　　　　司法保护】………………………………180

第八章　法律责任

第一百一十七条　【违反强制报告义务的法律责任】………180
第一百一十八条　【监护人不履行监护职责或者侵犯未成
　　　　　　　　　年人合法权益的法律责任】……………181
第一百一十九条　【学校等机构及其教职员工的法律责任】…181
第 一 百 二 十 条　【未给予免费或者优惠待遇的法律责任】…182
第一百二十一条　【制作、复制、出版、发布、传播危害
　　　　　　　　　未成年人出版物的法律责任】…………182
第一百二十二条　【场所运营单位和住宿经营者的法律责任】…183
第一百二十三条　【营业性娱乐场所等经营者的法律责任】…183
第一百二十四条　【公共场所吸烟、饮酒的法律责任】……183

第一百二十五条　【未按规定招用、使用未成年人的法律责任】……………………………………………… 184
第一百二十六条　【密切接触未成年人单位的法律责任】……… 184
第一百二十七条　【网络产品和服务提供者等的法律责任】…… 184
第一百二十八条　【国家机关工作人员渎职的法律责任】……… 185
第一百二十九条　【民事责任、治安管理处罚和刑事责任】…… 185

第九章　附　　则

第 一 百 三 十 条　【相关概念的含义】…………………… 185
第一百三十一条　【未成年外国人、无国籍人的保护】………… 186
第一百三十二条　【施行日期】……………………………… 186

附　　录

中华人民共和国家庭教育促进法 ………………………………… 187
　　（2021 年 10 月 23 日）
中华人民共和国预防未成年人犯罪法 …………………………… 198
　　（2020 年 12 月 26 日）
未成年人网络保护条例 …………………………………………… 212
　　（2023 年 10 月 16 日）

中华人民共和国未成年人保护法

（1991年9月4日第七届全国人民代表大会常务委员会第二十一次会议通过　2006年12月29日第十届全国人民代表大会常务委员会第二十五次会议第一次修订

根据2012年10月26日第十一届全国人民代表大会常务委员会第二十九次会议《关于修改〈中华人民共和国未成年人保护法〉的决定》第一次修正　2020年10月17日第十三届全国人民代表大会常务委员会第二十二次会议第二次修订　根据2024年4月26日第十四届全国人民代表大会常务委员会第九次会议《关于修改〈中华人民共和国农业技术推广法〉、〈中华人民共和国未成年人保护法〉、〈中华人民共和国生物安全法〉的决定》第二次修正）

目　录

第一章　总　　则
第二章　家庭保护
第三章　学校保护
第四章　社会保护
第五章　网络保护
第六章　政府保护

第七章　司法保护
第八章　法律责任
第九章　附　　则

第一章　总　　则

第一条　立法目的和依据①

为了保护未成年人身心健康，保障未成年人合法权益，促进未成年人德智体美劳全面发展，培养有理想、有道德、有文化、有纪律的社会主义建设者和接班人，培养担当民族复兴大任的时代新人，根据宪法，制定本法。

● **条文注释**

2020年，结合未成年人发展理念的进步和时代发展的要求，与时俱进地对本法的立法目的进行更新：一是将"促进未成年人在品德、智力、体质等方面全面发展"修改为"促进未成年人德智体美劳全面发展"，拓宽全面发展的内涵；二是增加"培养担当民族复兴大任的时代新人"，彰显新时代未成年人担负的历史使命。

● **相关规定**

《宪法》②第46条、第49条；《预防未成年人犯罪法》第1条

第二条　未成年人的定义

本法所称未成年人是指未满十八周岁的公民。

---

① 条文主旨为编者所加，下同。
② 本书法律文件使用简称，以下不再标注。

● **相关规定**

《民法典》第 13 条、第 17~20 条

第三条 未成年人平等享有权利

国家保障未成年人的生存权、发展权、受保护权、参与权等权利。

未成年人依法平等地享有各项权利，不因本人及其父母或者其他监护人的民族、种族、性别、户籍、职业、宗教信仰、教育程度、家庭状况、身心健康状况等受到歧视。

● **相关规定**

《民法典》第 14 条；《刑法》第 4 条；《教育法》第 37 条；《义务教育法》第 4 条

第四条 未成年人保护的基本原则和要求

保护未成年人，应当坚持最有利于未成年人的原则。处理涉及未成年人事项，应当符合下列要求：

（一）给予未成年人特殊、优先保护；

（二）尊重未成年人人格尊严；

（三）保护未成年人隐私权和个人信息；

（四）适应未成年人身心健康发展的规律和特点；

（五）听取未成年人的意见；

（六）保护与教育相结合。

● **条文注释**

本条对未成年人保护的基本原则和具体要求作出规定：一是确立

了最有利于未成年人的基本原则；二是提出处理未成年人事项应当遵循的基本要求。最有利于未成年人原则，就是在保护未成年人的人身权利、财产权利及其他合法权益的过程中，要综合各方面因素进行权衡，选择最有利于未成年人的方案，采取最有利于未成年人的措施，实现未成年人利益的最大化。

● **实用问答**

问：如何理解最有利于未成年人的原则？

答：（1）给予未成年人特殊、优先保护。给予未成年人优先保护，主要是指在制定法律法规、政策规划和配置公共资源等方面优先考虑未成年人，在不同群体利益发生冲突难以兼顾时，优先保障未成年人权利，满足未成年人的需求。（2）尊重未成年人人格尊严。由于未成年人在生理、心理、智力、社会政治经济地位等方面相对弱势，其人格尊严容易被忽视，实践中不尊重未成年人人格尊严的情形时常发生。为贯彻和体现民法典人格权编的规定和精神，更好地保护未成年人合法权益，本条强调处理未成年人事项，应当尊重未成年人人格尊严，并具体体现在本法各章相关规定中。（3）保护未成年人隐私权和个人信息。隐私是自然人的私人生活安宁和不愿为他人知晓的私密空间、私密活动、私密信息。隐私权是自然人对隐私的权利，包括：一是隐私享有权，即自然人有权对私密信息、私密活动和私密空间进行隐匿，有权享有生活安宁状态；二是隐私维护权，即自然人有权维护自己的隐私不受侵犯，在受到侵犯时有权寻求救济；三是隐私公开权，即自然人有权在法律和公序良俗所允许的范围内公开自己的隐私。个人信息是以电子或者其他方式记录的能够单独或者与其他信息结合识别特定自然人的各种信息，包括自然人的姓名、出生日期、身份证件号码、生物识别信息、住址、电话号码等。（4）适应未成年人身心健康发展的规律和特点。不同的年龄阶段,无论是身高体重,还是认识能力、思维能力和判断能力等各方面,都有着显著的阶段性特点,也有着不同的身心健康标准。在未成年人保护领域,要关注未成年人的身心发展规律和特点,提出的要求和采取的措施应当符合未成年人的阶段性特征,要有利于促进未成年人在这个阶段的身心健康发展。(5)听取未成年人的意见。《民法典》第35条第2款规定,未成年人的监护人履行监护职责,在作出与被监护人利益有关的决定时,应当根据被监护人的年龄和智力状况,尊重被监护人的真实意愿。尊重被监护人真实意愿的前提就是听取意见。为此,本条在2020年修订时新增了"听取未成年人的意见"的要求,凡涉及处理未成年人事项,都应尊重未成年人的参与权和表达权,这样才能从最有利于未成年人原则出发作出判断。(6)保护与教育相结合。加强未成年人保护,是由未成年人身心特点所决定的,也是国家社会发展延续的需要。未成年人的成长发展,离不开保护,但也不能片面地只讲保护,还应当强调教育。保护和教育,可谓未成年人保护工作的"鸟之双翼""车之两轮",两者相互结合、相辅相成、不可偏废。

● **相关规定**

《民法典》第109~111条、第1032条;《刑事诉讼法》第277条;《预防未成年人犯罪法》第2条;《义务教育法》第29条

第五条 对未成年人进行教育

国家、社会、学校和家庭应当对未成年人进行理想教育、道德教育、科学教育、文化教育、法治教育、国家安全教育、健康教育、劳动教育,加强爱国主义、集体主义和中国特色社会主义的教育,培养爱祖国、爱人民、爱劳动、爱科学、爱社

5

会主义的公德，抵制资本主义、封建主义和其他腐朽思想的侵蚀，引导未成年人树立和践行社会主义核心价值观。

● **相关规定**

《宪法》第24条；《教育法》第6条；《义务教育法》第34条

第六条　保护未成年人的共同责任

保护未成年人，是国家机关、武装力量、政党、人民团体、企业事业单位、社会组织、城乡基层群众性自治组织、未成年人的监护人以及其他成年人的共同责任。

国家、社会、学校和家庭应当教育和帮助未成年人维护自身合法权益，增强自我保护的意识和能力。

● **典型案例**[①]

江苏省宿迁市人民检察院诉章某未成年人保护民事公益诉讼案（人民法院案例库：2024-18-2-468-001）[②]

被告章某自2017年6月1日开始从事文身经营，但未办理营业执照，未取得卫生许可证、健康证，同时文身服务的消费者中包括未成年人。其间，章某累计提供文身服务的消费者有数百人，未成年人占比约70%。2018年至2019年，曾有未成年人家长反对章某为子女文身并发生纠纷，后由公安机关介入处理。此后，章某仍然向未成年人提供文身服务。本案中，章某确认为案涉40余名未成年人提供文身

[①] 本书"典型案例"部分适用的法律法规等条文均为案例裁判当时有效，案例收录时略有修改，下文不再对此进行特别提示。

[②] 参见人民法院案例库，https://rmfyalk.court.gov.cn/，最后访问时间：2025年3月17日。下文同一出处案例不再特别提示。

服务，并为 7 名未成年人清除文身，分别收取数十元至数百元不等的费用。案涉文身未成年人陈述，章某在提供文身服务时不核实年龄及身份；部分未成年人及其法定代理人陈述，因文身导致就学、就业受阻。经检测，章某文身时使用的颜料中游离甲醛超标 1.2 倍，证明其使用的文身颜料中含有毒有害成分。就章某向不特定多数未成年人提供有偿文身服务的行为，江苏省沭阳县人民检察院于 2020 年 12 月 25 日立案调查，同日履行公告程序。公告期满后，无法律规定的机关和有关组织提起公益诉讼。江苏省宿迁市人民检察院认为，章某的行为侵害不特定未成年人的合法权益，损害社会公共利益，遂提起公益诉讼。

江苏省宿迁市中级人民法院于 2021 年 6 月 1 日作出（2021）苏 13 民初 303 号民事判决：（1）被告章某立即停止向未成年人提供文身服务的行为；（2）被告章某在国家级公开媒体向社会公众书面赔礼道歉。宣判后，公益诉讼起诉人及被告均未提起上诉，判决已发生法律效力。2021 年 6 月 3 日，章某在《中国青年报》发表《公开道歉书》，向文身的未成年人及其家人以及社会各界公开赔礼道歉，并表示今后不再为未成年人文身。

法院生效判决认为，本案的争议焦点为：章某向未成年人提供文身服务是否侵害未成年人合法权益，以及是否损害社会公共利益。

第一，章某向未成年人提供文身服务侵害未成年人合法权益。文身属于有创行为，通过用针刺破皮肤后将颜料渗入的方式形成永久性色素沉着，产生长期留存的图案，可能导致未成年人皮肤发炎，并伴随感染风险。文身在一定程度上具有不可逆的特征，文身未成年人一旦后悔，悔恨感将长期伴随，造成持久的精神伤害。未成年人文身易遭受社会公众负面评价，并在入学、参军、就业等过程中受阻，影响其成长和发展。章某向未成年人提供文身服务，对未成年人身心健康、社会交往、就学就业产生了不利影响，违反了未成年人保护法对未成年人予以特殊、优先保护的规定，侵害了未成年人合法权益，属于《消费者权益保护法》第48条规定的"法律、法规规定的其他损害消费者权益的情形"。

第二，章某向不特定未成年人提供文身服务的行为损害社会公共利益。未成年人的发展与国家命运、民族命运紧密关联，未成年人的健康成长是至关重要的国家利益和社会公共利益。未成年人保护法第六条规定未成年人保护是全社会的共同责任，突出了国家、社会、学校、家庭等对未成年人的多层次保护。章某虽未办理营业执照但实际从事文身经营服务，且已具备一定规模。作为实际运行的市场主体，章某在经营活动中未尽到审核筛选义务，其主要服务对象是未成年消费者，且侵害不特定未成年人利益的因素始终存在，属于损害社会公共利益的行为。为防止损害行为的持续与反复，使损害结果和范围不再继续扩大，应当承担停止侵害、赔礼道歉等民事责任。综上，法院依法作出如上裁判。

第七条 监护人和国家在监护方面的责任

未成年人的父母或者其他监护人依法对未成年人承担监护职责。

国家采取措施指导、支持、帮助和监督未成年人的父母或者其他监护人履行监护职责。

● *典型案例*

1. **黄某祥犯强奸罪案**（《江苏高院公布十个未成年人受侵害的刑事审判案例》）[①]

被告人黄某祥系被害人罗某（女，2003年4月18日生）的继父，

[①] 参见《江苏高院公布十个未成年人受侵害的刑事审判案例》，载江苏法院网，http://www.jsfy.gov.cn/article/91525.html，最后访问时间：2025年3月17日。下文同一出处案例不再特别提示。

2011年3月、4月的一天晚上,在被告人黄某祥租住屋的房间内,被告人黄某祥趁家中无人之际,以买东西给罗某为引诱条件,对当时年仅8岁的罗某实施了奸淫,并嘱咐罗某不要告诉任何人。自此至2013年12月,被告人黄某祥利用其系罗某的继父身份,以给罗某买东西、充值Q币等诱骗的方式,在其租住屋的房间内、洗澡间内等处,多次对被害人罗某实施奸淫,并将部分奸淫过程拍摄成视频和照片。

泰州市高港区人民法院经审理认为,被告人黄某祥奸淫不满14周岁的幼女,其行为已构成强奸罪。被告人黄某祥利用抚养从属关系,长期多次奸淫幼女,并将其部分奸淫过程拍摄成视频和照片,其犯罪情节恶劣,应依法惩处。被告人黄某祥在刑罚执行完毕,五年内再犯系累犯,应依法从重处罚,应当判处有期徒刑以上刑罚之罪。被告人黄某祥如实供述自己罪行,可依法从轻处罚。被告人黄某祥当庭自愿认罪,酌情从轻处罚。依法判决被告人黄某祥犯强奸罪,判处有期徒刑十四年,剥夺政治权利四年。

被害人罗某系被告人黄某祥的继女,和其母亲与被告人黄某祥在同一个家庭共同居住,共同生活,黄某祥对罗某负有监护义务职责,趁被害人母亲上夜班之际,对罗某实施奸淫,之后又多次实施奸淫,并将部分过程拍摄成照片或视频,严重挑战社会伦理道德底线。法院依法认定其"情节恶劣",判处其十年以上有期徒刑。为更好保护涉案未成年人的利益,有利于被害人罗某的成长,审理法院先审理了罗某的变更抚养权纠纷,将被害人的监护人变更为其父亲,案件判决后,被害人罗某至其父亲处生活。法院的裁判全面保护了未成年被害人的权益,有利于其走出阴影,过上正常生活。

2. **王某某拐骗儿童案**（吉林省高级人民法院发布《2021年全省法院涉未成年典型案例》）[①]

2021年7月15日18时40分许，被告人王某某在吉林省敦化市额穆镇广场附近，未经被害儿童刘某某（时年5周岁）监护人的同意，私自将刘某某带至自己家中，并将刘某某及其本人反锁在屋内。在民警及消防队员对刘某某实施解救期间，被告人王某某手捂刘某某嘴部，制止刘某某发出声音。后公安机关破门进入被告人王某某家中，将刘某某解救。吉林省敦化市人民法院作出（2021）吉2403刑初410号刑事判决，以拐骗儿童罪判处被告人王某某有期徒刑三年。

吉林省敦化市人民法院判决认为，被告人王某某未经不满14周岁未成年人监护人同意，将幼童私自带至家中，使其脱离家庭和监护人的监护，并拒不配合民警解救，其行为已构成拐骗儿童罪，应依法惩处。

家庭监护是保护未成年人安全的最重要方式。家长对儿童的监护权以及儿童受家长的保护权均受法律保护，他人未经监护人同意或授权，不得以任何形式私自将儿童带走，使之脱离家庭或监护人。根据《刑法》第262条规定，拐骗不满14周岁的未成年人脱离家庭或者监护人的行为，构成拐骗儿童罪。本案被告人王某某不以出卖为目的拐骗儿童，且在拐骗过程中也没有实施其他加害行为，但在路遇被害人脱离家长监护时，将其带回自己家中，使之长时间脱离家长的监护，侵犯了家长对儿童的监护权及儿童受家长保护权，也严重威胁到儿童的人身安全，已构成犯罪。我国法律旨在维护未成年人的健康成长。拐骗儿童犯罪行为，使受骗儿童远离熟悉环境与人员陪伴，丧失安全

[①] 参见《2021年全省法院涉未成年典型案例》，载吉林省高级人民法院司法公开网，http://www.jlsfy.gov.cn/sfalyjcg/449586.jhtml，最后访问时间：2025年3月17日。下文同一出处案例不再特别提示。

感，安全感的重塑绝非易事。年幼时的心灵创伤将直接影响成年后的心理健康。法院对本案被告人的依法惩处，彰显了对家庭关系和儿童合法权益的保护力度，同时也昭告大众，在未经家长同意和授权的情况下，不论以何种形式私自将儿童带走，使之脱离家庭和监护人的行为都是违法行为，都将受到法律的惩处。本案的另一意义在于告诫家长要严格履行监管义务。一时不慎，使未成年人脱离自己的监管，可能造成巨大的悲剧，破坏和谐稳定的家庭关系。

第八条 **发展规划及预算**

县级以上人民政府应当将未成年人保护工作纳入国民经济和社会发展规划，相关经费纳入本级政府预算。

第九条 **各级人民政府职责**

各级人民政府应当重视和加强未成年人保护工作。县级以上人民政府负责妇女儿童工作的机构，负责未成年人保护工作的组织、协调、指导、督促，有关部门在各自职责范围内做好相关工作。

● *条文注释*

未成年人保护涉及教育、医疗、社会救助等一系列工作，具有很强的综合性。为了做好这项工作，本条规定县级以上人民政府负责妇女儿童工作的机构，负责未成年人保护工作的组织、协调、指导、督促，有关部门在各自职责范围内做好相关工作。在中央层面，负责妇女儿童工作的机构是国务院妇女儿童工作委员会。[1]

---

[1] 宋英辉、苑宁宁编著：《中华人民共和国未成年人保护法理解与适用》，中国法治出版社2025年版，第16页。

第十条 群团组织及社会组织的职责

共产主义青年团、妇女联合会、工会、残疾人联合会、关心下一代工作委员会、青年联合会、学生联合会、少年先锋队以及其他人民团体、有关社会组织,应当协助各级人民政府及其有关部门、人民检察院、人民法院做好未成年人保护工作,维护未成年人合法权益。

● **典型案例**

某妇联诉胡某、姜某某抚养纠纷案(最高人民法院公布《未成年人司法保护典型案例》)[①]

胡某某(2003年3月6日出生)系胡某与姜某某非婚生女儿,后因胡某与姜某某解除恋爱关系,遂由胡某父母负责照顾、抚养、教育。2016年11月8日,经西南医科大学附属医院诊断,胡某某患有抑郁症、分离转换性障碍。因胡某、姜某某长期未履行对胡某某的抚养义务,又因胡某父母年老多病,无力继续照顾胡某某,多次要求户籍所在地的村社、政府解决困难。该地妇联了解情况后,向法院提起诉讼,请求胡某、姜某某全面履行对胡某某的抚养义务。

法院经审理认为,本案的适格原告胡某某系限制民事行为能力人,本应由其父母作为法定代理人代为提起诉讼,但胡某某的父母均是本案被告,不能作为其法定代理人参加诉讼。综合考虑二被告的婚姻状况、经济条件和胡某某本人的生活习惯、意愿,判决胡某某由胡某直接抚养,随胡某居住生活;姜某某从2017年6月起每月15日前支付抚养费500元;胡某某的教育费、医疗费实际产生后凭正式票据

[①] 参见《未成年人司法保护典型案例》,载最高人民法院网站,https://www.court.gov.cn/zixun/xiangqing/288721.html,最后访问时间:2025年3月17日。下文同一出处案例不再特别提示。

由胡某、姜某某各承担50%，直至胡某某独立生活时止。

　　本案是一起典型的父母怠于履行抚养义务的案例。审判实践中存在大量与本案类似的留守儿童抚养问题，这些未成年人的父母虽未直接侵害未成年人合法权益，但怠于履行监护义务，把未成年子女留给年迈的老人照顾，子女缺乏充分的经济和安全保障，缺乏父母关爱和教育，导致部分未成年人轻则心理失衡，重则误入歧途，甚至走向犯罪的深渊。本案中，法院参照最高人民法院、最高人民检察院、公安部、民政部联合发布的《关于依法处理监护人侵害未成年人权益行为若干问题的意见》的有关精神，积极探索由妇联组织、未成年人保护组织等机构直接作为原告代未成年人提起诉讼的模式，为督促未成年人父母履行抚养义务，解决父母不履行监护职责的现实问题提供了有益参考。

● **相关规定**

　　《预防未成年人犯罪法》第 24 条；《未成年人保护法》第 82 条、第 85 条、第 97 条

第十一条　检举、控告和强制报告制度

　　任何组织或者个人发现不利于未成年人身心健康或者侵犯未成年人合法权益的情形，都有权劝阻、制止或者向公安、民政、教育等有关部门提出检举、控告。

　　国家机关、居民委员会、村民委员会、密切接触未成年人的单位及其工作人员，在工作中发现未成年人身心健康受到侵害、疑似受到侵害或者面临其他危险情形的，应当立即向公安、民政、教育等有关部门报告。

　　有关部门接到涉及未成年人的检举、控告或者报告，应当依法及时受理、处置，并以适当方式将处理结果告知相关单位和人员。

● *实用问答*

问：强制报告义务的主体及相关内容有哪些？

答：一是强制报告的义务主体。本法将强制报告的主体限定为国家机关、居民委员会、村民委员会、密切接触未成年人的单位及其工作人员。密切接触未成年人的单位是指对未成年人负有教育、培训、监护、救助、看护、医疗等职责的企业事业单位、社会组织等。本法第130条第1项对密切接触未成年人的单位有具体规定。这些单位及其工作人员在家庭之外与未成年人接触机会多，容易发现未成年人受侵害的情况，有必要纳入强制报告的主体范围。二是强制报告的情形。本法并未详细列举应当报告的行为类型，而是将应当报告的情形概括为未成年人身心健康受到侵害、疑似受到侵害或者面临其他危险情形。最高人民检察院等九家单位印发的《关于建立侵害未成年人案件强制报告制度的意见（试行）》详细列举了未成年人遭受或者疑似遭受不法侵害以及面临不法侵害危险的情形，对于强制报告制度具体实践具有重要参考作用。三是强制报告的对象。强制报告义务主体在工作中发现法律规定的情形，应当立即向公安、民政、教育等有关部门报告。强制报告的义务主体可以根据发现的具体情况，选择向职责联系最紧密的一个或者多个部门报告。四是强制报告的责任。强制报告作为一项义务，有关组织或者个人如果不依法履行该义务，可能会导致未成年人难以及时有效获得保护，可能造成未成年人权益受到侵犯的严重后果。为确保这项义务能够得到有效履行，解决追责难的问题，本法第117条规定，未履行报告义务造成严重后果的，由上级主管部门或者所在单位对直接负责的主管人员和其他直接责任人员依法给予处分。

● *典型案例*

1. 陆某某涉嫌猥亵案（最高人民检察院发布《侵害未成年人案件强制报告典型案例》）[1]

2018年3月17日上午，某中学保安陆某某在保安室以亲嘴等方式对苏某某（女，14岁）进行猥亵。3月19日下午，又以看其饲养的小动物为诱饵，将苏某某从学校保安室带至其住宿的工棚内，以压身、摸胸等方式进行强制猥亵。3月20日上午，苏某某将被性侵一事反映给学校老师。后苏某某姐姐、陆某某和老师三方在学校内签订协议，约定由陆某某所在劳务公司代为赔偿人民币3万元，被害人家属就此了结此事，不再追究陆某某责任。3月21日，苏某某得知此协议后表示不满，要求追究陆某某法律责任，遂拨打电话报警，本案由此案发。

2019年1月31日，浙江省杭州市萧山区检察院以强制猥亵罪对被告人陆某某提起公诉，并从严提出量刑建议。陆某某被法院判处有期徒刑二年三个月，并被学校开除。

严肃处理瞒报行为，确保强制报告制度落到实处。(1) 查明案发事实，及时救助被害人。案发后，检察机关及时与公安机关沟通配合，提出取证意见，针对涉案教师明知学生被学校保安性侵而隐瞒不报的问题，建议公安机关及时调取三方签署的赔偿协议等书证，固定涉案老师、被害人家属等言词证据，为后续处理追责奠定基础。针对被害人出现创伤后心理应激反应等情况，委托专业心理咨询师进行心理辅导，帮助苏某某及时恢复正常学习、生活。(2) 制发检察建议，强化校园安全管理。本案中，苏某某在校园内两次遭受性侵，学校均

---

[1] 参见《侵害未成年人案件强制报告典型案例》，载最高人民检察院网站，https://www.spp.gov.cn/xwfbh/dxal/202005/t20200529_463532.shtml，最后访问时间：2025年3月17日。下文同一出处案例不再特别提示。

未能及时发现；在得知其被性侵后，学校老师也未能按照杭州市萧山区有关强制报告制度的要求严格履行报告义务，导致其未能及时得到保护救助，身心健康遭受严重创伤。据此，萧山区检察院向区教育局制发检察建议，要求督促涉案学校依法依规查处有关人员，切实查找校园安全管理漏洞，认真分析整改；建议联合区公安分局建立全区教职员工入职查询机制，明确把学校工勤人员一并纳入入职查询人员范围；要求严格落实侵害未成年人案件强制报告制度，强化教师群体的报告责任和对被害学生的救助义务，明确不报、瞒报、漏报等处罚规定，切实加大在校未成年人权益保护。（3）督促联动整改，推进强制报告落实。检察建议发出后，杭州市萧山区检察院密切跟进，督促涉案学校落实整改，对隐瞒不报的涉事教师严肃批评教育，并暂停对其评先评优、提职晋级，同时要求全校教职员工尤其是班主任，严格落实报告责任；督促区教育局组织专班深入排查全区校园安全管理问题，制定责任清单、按期整改落实，并推动区教育局、区公安分局完善警校联动机制，健全完善教职员工入职查询制度；督促区教育局与全区学校、老师层层签订安全责任书，确保责任到岗到人；联合推广应用"检察监督线索举报——杭州"支付宝小程序，进一步畅通案件线索举报渠道。

强制报告制度作用的发挥，关键在于落实。本案中，杭州市萧山区检察院针对涉案学校教师违反强制报告义务的情形，及时以检察建议督促教育主管部门和学校严肃整改，对涉案教师进行严肃问责，确保了制度执行刚性。同时，主动对标最高检"一号检察建议"，以个案办理为突破口，以强制报告落地为主抓手，积极会同公安、教育等职能部门，全面排查校园安全防范相关问题，助推完善校园安全防控机制建设，为未成年人健康成长构筑起"防火墙"。

2. 李某某涉嫌强奸案（最高人民检察院发布《侵害未成年人案件强制报告典型案例》）

2015年至2019年4月期间，犯罪嫌疑人李某某通过QQ、微信聊天软件"附近的人"功能，将筛选条件设定为10岁至20岁女学生，进而搜索添加陌生女性聊天，其中以添加湖北省枣阳市某中学女学生居多。李某某在网络聊天中取得被害人信任后将其骗出，以曝光裸照相威胁、强迫饮酒、殴打等方式对被害人实施性侵行为。李某某自2015年开始，在四年多的时间内先后以此种方式性侵15名被害人（其中未成年人10人）。2019年4月，被害人武某某（女，15岁）因遭受李某某裸照威胁，向就读学校反映并报警，学校及时将该线索报告给检察机关，本案由此案发。

2019年4月18日，公安机关决定对李某某涉嫌强奸一案立案侦查。2019年5月24日，枣阳市检察院对李某某作出批准逮捕决定。因案件重大，枣阳市检察院于2019年11月22日将该案移送至襄阳市检察院审查起诉。2020年3月27日，襄阳市检察院以李某某涉嫌强奸罪依法向襄阳市中级人民法院提起公诉，目前该案正在审理中。

教师依规及时报告，公检合力严惩性侵犯罪。（1）及时处置线索，凸显立案监督效力。公安机关在接到本案报警后，随即将李某某抓获，但仅对其采取行政拘留措施而未予刑事立案。该校在获悉武某某疑似遭受性侵的线索后，立即依照湖北省《关于建立侵害未成年人权益案件强制报告制度的工作办法（试行）》，向枣阳市检察院及时报告，检察机关接到线索后与公安机关沟通核实，经调查后认为李某某的行为涉嫌强奸罪，应依法追究其刑事责任，检察机关当天即启动立案监督程序，通知公安机关立案。（2）聚焦案件侦办，深挖线索引出陈罪。检察机关第一时间与公安机关沟通配合，及时提出取证意见。在建议公安机关依法调取固定李某某手机信息时，发现疑似存在其他20余名被害人，枣阳市检察院迅速启动应急工作方案，配合公安机关指派精干力量侦办此案，收集固定电子证据，逐一确定被害人身份信息，在保护隐私的前提下开展询问，并同步进行心理疏导，最终查清李某某的全部犯罪事实，为精准指控犯罪夯实证据基础。（3）延伸监督职能，推进校园长效治理。枣阳市检察院以本案为契机，对本地32所学校强制报告制度落实情况及校园安全管理进行走访调查，结合存在问题向该市教育局发出检察建议。该市教育局第一时间采纳并采取整改措施，在全市教育系统开展进一步加强强制报告制度贯彻落实的学习活动，对全市所有学校、教师进行强制报告义务的再强调；开展防范不法侵害安全隐患专项排查活动，加强对校园安全、学生日常行为规范的管理工作，共排查隐患51处，全部整治到位，并将学校落实防范不法侵害整治工作纳入考评；同时联合检察机关在全市400多所学校集中开展了一系列预防性侵法治宣传活动，提高在校学生自护能力。

本案是一起持续时间长、受害人数多，且主要针对未成年在校学生的重大恶性性侵案件。检察机关通过多部门协同建立侵害未成年人权益案件强制报告制度，推动负有未成年人保护职责的教育等部门积极履行强制报告职责，依法行使立案监督职权，与公安机关合力打击，深挖犯罪线索，有效严惩了性侵多名未成年人的恶劣犯罪。

3. 朱某某等人涉嫌强奸案（最高人民检察院发布《侵害未成年人案件强制报告典型案例》）

2019年5月16日，江苏省江阴市某小学老师发现本校六年级女学生董某某（女，12岁）在校外抽烟，经与董某某耐心细致交流，了解到董某某曾与他人发生性关系，疑似遭受性侵害。同时，通过董某某得知该校另一名六年级女学生陈某某（女，12岁）也有类似遭遇。发现上述情况后，老师第一时间报告学校，学校根据该市关于侵害未成年人案件强制报告制度要求，立即向公安机关报案。同时，教育局将有关情况通报检察机关。经查，2018年至2019年3月期间，校外闲散人员朱某某、何某某等人明知董某某、陈某某系不满14周岁幼女，仍假借"谈恋爱"之由与其发生性关系。

江苏省江阴市检察院于2019年8月5日以强奸罪对朱某某等人提起公诉，被法院依法定罪量刑。2019年5月17日，何某某归案，因何某某在其他地区也有类似强奸案件，该案由江阴市公安局移送其他地区司法机关处理。

强制报告构筑校园防护网，阻断社会不良影响和犯罪侵害。（1）敏锐发现问题，及时查处犯罪。自2018年建立侵害未成年人案件强制报告制度以来，江苏省江阴市检察机关积极引导督促职能部门落实强制报告责任，相关人员未成年人保护意识和敏感性不断增强。该案中，学校教师发现低龄女学生异常表现后，敏锐意识到可能存在侵害情形，主动追问了解，及时提供犯罪线索。检察机关在接到学校通报后立即介入，引导公安机关在保护好被害人个人隐私的情况下，深入侦查挖掘疑似犯罪，发现多起校外社会闲散人员以"恋爱"为幌子对低龄女学生实施性侵害的案件。（2）家校联合教育，引导帮助被害学生。针对董某某、陈某某存在的价值观偏差、自我保护意识薄弱、不良偏差行为等问题，检察机关会同学校、青少年权益保护协会对二人进行了青春期教育、社会交往规范指导和行为干预。对家长开展了亲子关系、行为监管等家庭教育指导。通过学校教育和家庭教育双管齐下，两名学生断绝了不良社会交往，行为转变明显，思想偏差得到及时纠正。（3）加强部门联动，完善校园安全防范机制。此案发生后，该校组建了校园安全观察员队伍,将在校学生与社会闲散人员的不当交往作为重点关注事项。督促老师加强与家长的联系,全方位掌握学生在校外的动态。校园安全观察员强化与公安等职能部门联动,整治校园周边闲散未成年人侵害在校学生权益问题,架构了严密的校园安全防护网。

低龄学生容易受到不良影响,在校学生与校外闲散人员不当交往滋生的欺凌、性侵害等犯罪在学生群体中影响面广、负作用大,如不及时干预危害严重。在该案中,江苏省江阴市司法机关和教育部门通过落实强制报告制度,从学生的偶然不良行为中,深挖出多起校外人员性侵害在校女学生犯罪。在依法惩治犯罪的同时,检察机关一方面对被害女学生开展教育引导工作,帮助二人改正错误思想观念,树立正确价值观,恢复身心健康。另一方面会同学校加强法治教育与安全建设,落实亲职教育,检校家联合扎牢防护网,避免低龄未成年人受到犯罪侵害和滋扰。

4. 许某某等人强奸案(最高人民检察院发布《侵害未成年人案件强制报告追责典型案例》)[①]

2021年6月7日晚,许某某、陈某、王某、王某某(未成年人)、唐某某(未成年人)5人在广西桂林某烧烤店吃饭。其间,王某看到刘某带李某某(女,未成年人)回家,提议将欠烧烤店钱的刘某打一顿,许某某提出想与李某某发生性关系。随后,几人来到刘某租住的居民楼,对刘某和李某某进行殴打,并强行将李某某带到宾馆。许某某、陈某、王某某三人在宾馆房间强行与李某某发生性关系。6月10日,李某某报警。10月15日,桂林市七星区人民检察院以涉嫌强奸

---

① 参见《侵害未成年人案件强制报告追责典型案例》,载最高人民检察院网站,https://www.spp.gov.cn/xwfbh/wsfbt/202205/t20220527_557995.shtml#2,最后访问时间:2025年3月17日。下文同一出处案例不再特别提示。

罪对许某某等 5 人提起公诉。桂林市七星区人民法院判处许某某、陈某有期徒刑十年零三个月，王某某有期徒刑七年，王某有期徒刑五年，唐某某有期徒刑二年六个月。经查，案发当晚，本案 6 名当事人入住桂林某宾馆，其中包括 3 名未成年人。宾馆在接待上述未成年人与成年人共同入住时，既未严格落实登记制度，逐人核实身份信息，也未询问入住未成年人相关情况。通过查看宾馆监控视频，办案人员发现被害人李某某与许某某等人共同进入宾馆后，始终被唐某某拉着手，被害人神情疲惫，脚步迟缓，表现明显异常，多次在距离宾馆前台 2 米远的沙发处停留。宾馆工作人员发现异常情况后，未询问情况或与监护人联系，也未按照强制报告要求向公安机关报案，怠于履行强制报告义务。

该案发生前夕，桂林市七星区人民检察院和市公安局七星分局联合召开了旅馆业落实强制报告制度推进会，向辖区旅馆、宾馆、酒店等住宿经营者通报了未成年人保护法关于强制报告的有关规定。涉案宾馆明知法律规定，发现问题仍置之不理。因宾馆未尽到安全保护责任，李某某被多人毫无障碍地带入宾馆房间并遭到多人性侵害。2021 年 8 月 11 日，桂林市公安局七星分局依据《未成年人保护法》第 122 条规定，对涉案宾馆作出罚款 2 万元，责令停业整顿一个月的处罚决定。为推动辖区旅馆、宾馆、酒店等住宿经营者进一步落实强制报告制度，七星区人民检察院与市公安局七星分局联合制定《关于规范旅馆行业经营加强未成年人保护的意见》，对 200 余名住宿经营者进行强制报告制度培训，并建立联合督查机制，形成治理合力。

《未成年人保护法》第 11 条第 2 款规定……密切接触未成年人的单位及其工作人员，在工作中发现未成年人身心健康受到侵害、疑似受到侵害或者面临其他危险情形的，应当立即向公安、民政、教育等有关部门报告。强制报告是法定责任，任何单位和人员均应严格遵守。近年来，旅馆、宾馆、酒店成为侵害未成年人犯罪高发场所。为有效预防侵害未成年人犯罪，强化未成年人保护，未成年人保护法明确规定了住宿经营者的未成年人安全保护责任。该法第57条和第122条分别规定，旅馆、宾馆、酒店等住宿经营者接待未成年人入住，或者接待未成年人和成年人共同入住时，应当询问父母或者其他监护人的联系方式、入住人员的身份关系等有关情况；发现有违法犯罪嫌疑的，应当立即向公安机关报告，并及时联系未成年人的父母或者其他监护人。违反上述规定的，责令限期改正，给予警告；拒不改正或者造成严重后果的，责令停业整顿或者吊销营业执照、吊销相关许可证，并处1万元以上10万元以下罚款。住宿经营者强制报告义务的落实是预防侵害未成年人违法犯罪的重要保障。检察机关在办理住宿经营场所发生的侵害未成年人犯罪案件时，应当与公安机关密切配合，逐案倒查是否存在违反询问、登记、强制报告等规定的情形，发现问题严格依法追责，从源头上遏制侵害未成年人犯罪案件的发生，共同为未成年人营造更加安全、和谐的社会环境。

5. 张某猥亵儿童案（最高人民检察院发布《侵害未成年人案件强制报告追责典型案例》）

张某，原系安徽合肥某小学数学教师。2019年下半年至2020年10月，张某在学校教室、办公室及家中补习班等场所，多次对班内女学生赵某某、刘某某、王某实施触摸胸部、臀部等隐私部位及亲嘴等猥亵行为。后该小学上级管理部门、镇中心学校校长沈某听到关于张某猥亵学生的传言，遂与该小学副校长钟某向张某和被害人家长了解相关情况。学校对张某作出停课处理，并要求张某与学生家长协商处理此事。此后，在钟某见证下，张某向被害学生及其家长承认错误，并赔偿3名被害人各10万元。2020年11月，本案因群众举报案发。

2021年2月23日,安徽省合肥市庐江县人民检察院以涉嫌猥亵儿童罪对张某提起公诉。庐江县人民法院判处张某有期徒刑四年。

2020年12月30日,庐江县人民检察院将沈某、钟某两名学校负责人未履行强制报告义务的线索移送庐江县纪委监委处理。因未履行强制报告义务、瞒报教师侵害学生案件线索,沈某被免去镇中心学校党委书记、校长职务,并给予党内警告处分;钟某被免去小学副校长职务,并给予党内严重警告处分。针对该案暴露出的问题,合肥市人民检察院对五年来全市教职员工性侵害未成年学生案件进行梳理分析,向市教育局发出检察建议,建议完善校园安全管理和保障体系建设、让法治教育全面融入校园生活、强化强制报告制度和入职查询制度落实、完善对学校的考评机制,切实加大在校未成年人权益保护。市检察院与市教育局联动整改,会签《关于开展未成年人保护检教合作的实施方案》,成立联合督查组,赴涉案学校、寄宿制学校等开展实地调研督导,健全教师管理、学校聘用人员监督管理、女生宿舍管理等制度机制,推进强制报告制度落实。

学校是未成年人学习、生活的重要场所,具有保护未成年学生的法定义务。2021年6月,教育部颁布《未成年人学校保护规定》,专门要求学校依法建立强制报告机制,规定学校和教职工发现学生遭受或疑似遭受不法侵害以及面临不法侵害危险的,应当依照规定及时向公安、民政、教育等有关部门报告。学校和教职工发现未成年学生被侵害的,不得有案不报,更不能私下组织学生家长和涉案人员"调解"。检察机关应充分发挥法律监督职能,协同教育部门强化未成年人保护法等法律法规的宣传教育,推动落实学校安全、强制报告、入职查询等制度,提升学校和教职工依法强制报告的自觉,合力筑牢未成年人健康成长"防火墙"。

6. 孙某汝强奸案（最高人民检察院发布《侵害未成年人案件强制报告追责典型案例》）

2020年12月，孙某汝与孙某某（女，未成年人）通过网络认识。自2021年2月起，孙某汝在明知孙某某未满14周岁的情况下，多次奸淫孙某某致其两次怀孕、流产。孙某某的母亲得知此事后报警。2022年1月27日，辽宁省东港市人民检察院以涉嫌强奸罪对孙某汝提起公诉。同年3月21日，东港市人民法院判处孙某汝有期徒刑十年。经查，孙某汝曾于2021年10月带孙某某在东港市某门诊部做人工流产手术。该门诊部妇科医师季某某在明知孙某某为未成年人，无监护人陪同、签字确认的情况下，为其进行人工流产手术，且未向公安机关或有关部门报告该情况。另据查证，该门诊部不具备开展计划生育手术的执业资格许可。

东港市人民检察院在办案中发现该门诊部接诊医务人员未履行强制报告义务的问题后，向东港市卫生健康局通报了相关情况，建议对涉案医疗机构和人员依法追责。东港市卫生健康局依据调查核实的事实，对涉事门诊部处以警告、没收违法所得、罚款2万元的行政处罚，并注销相关科室；对医师季某某给予暂停六个月执业活动的行政处罚。为切实推动强制报告制度落实，东港市人民检察院会同市卫生健康局组织辖区内相关医疗机构开展了为期一周的妇女儿童权益保护、强制报告制度专题培训，通过电子屏幕、微信、宣传标语等多种形式组织法律法规宣传，切实提升医疗机构和医护人员依法强制报告意识。

根据未成年人保护法关于强制报告制度的规定，医护人员负有发现未成年人疑似遭受侵害及时报告的义务。医护人员履行强制报告义务对及时发现、阻断侵害未成年人犯罪，保护未成年人免受持续侵害具有重要意义。关于哪些属于疑似未成年人遭受侵害情形，国家监委、最高检、教育部、公安部等九部门《关于建立侵害未成年人案件强制报告制度的意见（试行）》进行了细化规定。其中，不满14周岁女性未成年人怀孕、流产属于必须报告情形，相关单位和人员发现此情况的，应当立即向公安机关报案或举报。医护人员强制报告不仅是帮助未成年人及时脱离危险的重要途径，也是发现犯罪、取证固证的重要手段。民营、公立医疗机构均为我国未成年人保护法规定的强制报告义务主体，均应严格落实强制报告法律规定。对于落实不力、瞒报、不报的，应对直接责任人员和所属医疗机构依法追责。

7. 王某故意伤害案（最高人民检察院发布《侵害未成年人案件强制报告追责典型案例》）

2021年5月，马某某离婚后将其子岳某某（未成年人）接到男友王某家中居住。同年6月2日，马某某有事外出，将岳某某交由王某照看。因看到岳某某将厕纸装在裤兜里，王某先后用手打、脚踹等方式殴打岳某某，致其重伤。后岳某某被送至山东省临沭县某医院，医生王某甲、吴某甲先后为其治疗，但两名医生在发现岳某某伤情异常后均未履行强制报告义务。6月8日，该院护士吴某乙将岳某某的情况反映给县妇联工作人员王某乙，吴某乙、王某乙二人在医院探视岳某某病情后，认为其可能遭受家庭暴力，遂决定报警，公安机关随即将王某抓获。8月22日，临沭县人民检察院以涉嫌故意伤害罪对王某提起公诉。临沭县人民法院依法判处王某有期徒刑四年六个月。

临沭县人民检察院将该案的办理情况向县卫生健康局进行了通报。因未履行强制报告义务，医院对医生王某甲、吴某甲二人作出通报批评，责令作出深刻检讨，并作出取消二人2021年度评先评优资格的处分。同时，由于护士吴某乙及时报案，犯罪分子受到依法惩处，被害儿童获得及时保护，临沭县团委授予吴某乙"临沭县优秀青年"荣誉称号。

临沭县人民检察院建议县卫生健康局开展专项整改,对全县1300余名医务工作者进行培训,并结合典型案例对医护人员的强制报告责任、应当报告的情形及注意事项等进行普法宣传,提高医护人员主动报告的意识,形成"高度警惕、主动询问、如实记录、立即报告"的自觉。县卫生健康局组织全县医疗机构、医护人员层层签订《强制报告责任承诺书》和《强制报告责任人员权利义务告知书》,确保强制报告责任到岗到人。

对于发生在家庭内部、外人难以发现的隐蔽侵害行为,医护人员强制报告对救助保护处于不法侵害中的未成年人具有至关重要的作用。为切实落实强制报告要求,进一步强化未成年人保护,医护人员在接诊受伤儿童时应认真查看伤情,询问受伤原因,特别是对多处伤、陈旧伤、新旧伤交替、致伤原因不一等情况,要结合医学诊断和临床经验,综合判断未成年人是否受到暴力侵害。认为未成年人遭受侵害或疑似遭受侵害的,医护人员应当立即报告。对于发现侵害事实后瞒报或不报的,上级主管部门或者所在单位应当依法处分,严肃追责。对于因报告及时使犯罪分子依法受到惩处的,相关部门应当依据法律和文件规定给予相关人员适当奖励。

8. 陈某甲过失致人死亡案(最高人民检察院发布《侵害未成年人案件强制报告追责典型案例》)

2020年8月10日,上海市儿童医院在接诊3岁幼童陈某乙时,发现其死因可疑,立即向上海市公安局普陀分局报案,同时报告普陀区人民检察院。公安机关立案后,查明陈某乙系因被患精神疾病的母亲陈某甲强制喂饭导致呛饭后胃内容物反流致气管堵塞窒息死亡。2021年3月1日,普陀区人民检察院以涉嫌过失致人死亡罪对陈某甲提起公诉（陈某甲系限制刑事责任能力人），同年3月19日，普陀区人民法院以过失致人死亡罪判处陈某甲有期徒刑二年，缓刑二年。经查，陈某甲住所地居民委员会通过计生统计和日常工作，知道陈某甲曾患有精神疾病，未婚生子，独自一人在家抚养孩子。居委会干部在家访中还发现陈某乙身上、脸上常有乌青，发育不良，陈某甲有强行给孩子喂饭、冬天只给穿一件背心等异常养育行为。但居委会对此未予重视，未向公安机关报案，也未向主管行政机关报告。

普陀区人民检察院在审查起诉期间发现陈某甲住所地居民委员会未履行强制报告义务问题后，向该居委会上级主管街道办事处制发了检察建议并召开检察建议公开宣告会，对居委会有关责任人员进行了批评教育；建议街道办事处加强学习培训，提高辖区工作人员未成年人保护意识和能力；开展专项行动，摸排辖区内强制报告线索；建立长效机制，设置专人负责强制报告事宜。针对强制报告制度社会知晓度不高问题，普陀区人民检察院邀请区妇联、公安、相关街道、居委会工作人员等召开强制报告现场推进会，以真实案例深度解读强制报告制度。涉事街道在街道、居委会两级分别设置了专人专岗负责强制报告工作，建立滚动排查和线索报告工作机制，对排查出的困境儿童建立档案，专人跟进。2021年4月，普陀区人民检察院与区妇联、区卫健委等九部门联合签发《普陀区侵害未成年人案件强制报告制度实施细则》，进一步形成强制报告制度落实合力。

居（村）委会作为一线基层组织，具有熟悉基层、了解群众的工作优势。居（村）委会切实履行强制报告责任对强化犯罪预防、保护未成年人，实现侵害未成年人早发现、早干预具有重要作用。《未成年人保护法》第11条第2款明确规定，居民委员会、村民委员会在工作中发现未成年人身心健康受到侵害、疑似受到侵害或者面临其他危险情况的，应当立即向公安等有关部门报告。居（村）委会是法定强制报告义务主体，为充分履行强制报告职责，相关人员需要强烈的责任心、敏锐性和未成年人保护意识。特别是，发现未成年人"面临危险情形"时，一定要立即报告，及时干预制止，避免恶性案件发生，减小危害后果，做到"预防是最好的保护"。检察机关应加强与街道、居（村）委会的沟通协作，帮助发现、解决问题，对存在明显问题或者多次指出不改正的，应通报上级主管部门，依法进行处分、追责。

9. 李某某强奸案（最高人民检察院公布《落实强制报告制度典型案例》案例一）[①]

一、基本案情

2022年10月19日晚，李某某驾车至贵州省威宁县某乡镇时，路遇被害人赵某某（女，案发时12周岁）。李某某以送其回家为由将赵某某骗上车并载至偏僻小路，强行与其发生性关系。后李某某又将赵某某带至某宾馆，欲开房再次对其实施性侵害。该宾馆经营者樊某某在询问核对信息时发现赵某某神色异常，对李某某有抗拒、害怕反应，且二人年龄差距大，身份关系可疑。樊某某将赵某某带进宾馆前台进行保护并立即报警。2023年2月10日，威宁县人民检察院对李某某涉嫌强奸罪提起公诉。同年4月10日，法院依法判处李某某有期徒刑五年六个月。

二、主要做法

细化、明确报告情形，压实住宿经营者报告责任。为有力推动强制报告制度落实，根据最高人民检察院关于对侵害未成年人案件强制

[①] 参见《落实强制报告制度典型案例》，载最高人民检察院网站，https://www.spp.gov.cn/xwfbh/dxal/202407/t20240705_659674.shtml，最后访问时间：2025年3月17日。下文同一出处案例不再特别提示。

报告制度落实情况逐案倒查的工作要求,威宁县人民检察院联合该县公安局开展了侵害未成年人案件反向审视工作。针对住宿经营场所易被利用实施性侵害未成年人犯罪的情况,威宁县人民检察院、公安局向县未保委进行了专题报告。县未保委组织公安、文旅等部门对全县2000余名住宿经营者开展强制报告制度培训,详细讲解制度内容、报告途径、法律责任,并参照中央九部委《关于建立侵害未成年人案件强制报告制度的意见(试行)》(以下简称《强制报告意见》)和公安部关于旅馆接待未成年人入住"五必须"规定要求,对住宿经营者发现哪些情况必须报告进一步细化明确,要求住宿经营者在接待非监护人陪同的未成年人入住时发现未成年人处于醉酒状态、神情紧张害怕等情形的应当立即报告。本案中,宾馆经营者樊某某即是按照上述要求及时报案使得被害未成年人得到及时保护,免遭再次侵害。

建立奖惩激励机制,促进强制报告制度落实。为激发密切接触未成年人行业从业人员报告积极性,推动激励机制制度化,威宁县未保委出台《关于对履行强制报告制度职责人员的奖惩工作方案》。根据该方案,樊某某被奖励1000元。目前,该县已累计对12名履行强制报告人员给予奖励。同时,检察、公安等单位联合开展督促住宿经营者落实强制报告制度的"护苗"专项行动,督促落实"五必须"规定,责令600余家违法住宿经营者进行整改,行政处罚50余次,其中吊销许可证2家。2023年,该县住宿经营者报告侵害未成年人案件线索26件次,同比上升136%,当地发生在住宿经营场所的性侵害案件同比下降86%。

三、典型意义

目前,住宿经营者落实强制报告制度的情况总体趋好,一些经营者发现可疑情况及时报告,有效预防了侵害未成年人案件的发生。但也有一些经营者对何种情况下需要报告把握不准,不敢报告、不愿报告。为有效推动制度落实,各地可对照九部委《强制报告意见》和"五必须"规定,细化报告情形,通过培训宣传、奖惩激励等方式强化责任,充分调动强制报告主体履行义务的积极性和主动性。同时,住宿经营者也要严格落实未成年人住宿安全保护法律责任,提高安全责任意识,积极履行询问核实义务,敏锐发现可疑情况,将强制报告制度和"五必须"规定落到实处。

10. 杨某甲虐待案(最高人民检察院公布《落实强制报告制度典型案例》案例二)

一、基本案情

杨某甲在妻子离家出走后独自抚养女儿杨某乙(案发时7周岁)。2018年至2022年,杨某甲因家庭琐事、学习教育等问题,长期采用掐拧、抽打等方式虐待杨某乙,致其双肘关节、右肱骨下段损伤。2022年3月,杨某乙所在学校校长陈某某注意到杨某乙情绪异常,不爱参加体育活动,后经仔细观察,发现杨某乙手臂活动受限、颈部多处瘀青。陈某某向杨某乙了解情况后,得知体伤系杨某甲殴打所致且伤情严重,随即报案。2022年9月28日,福建省龙岩市新罗区人民检察院对杨某甲涉嫌虐待罪提起公诉。2023年2月9日,法院依法判处杨某甲有期徒刑二年三个月。

二、主要做法

多部门协作配合,及时救助保护未成年被害人。本案中,杨某甲系杨某乙唯一监护人,杨某乙随杨某甲生活期间,杨某甲无固定收入,二人生活较为困难,杨某甲入狱服刑后,杨某乙处于事实无人抚养状态。为保证杨某乙得到妥善的安置保护,检察机关、民政部门、教育部门等会商研究后,对杨某乙开展了综合性的救助保护工作。一方面，针对杨某乙手臂康复问题，街道派员陪同杨某乙前往省级医疗机构就医，并制定治疗方案，治疗、交通等费用由司法救助予以保障。为杨某乙提供司法救助金13万元。另一方面，在杨某甲被羁押后，民政部门第一时间将杨某乙纳入事实无人抚养儿童保障范围，并安置于区福利院临时照护，每月发放2100元生活补贴。同时，教育部门协调转学事宜，将杨某乙转入福利院附近学校就读。此外，检察机关与民政部门通过政府购买服务指派专业社工跟进杨某乙心理情况，定期开展心理评估和疏导工作。经过各部门协作配合，杨某乙得到妥善的监护照料，身心健康逐渐恢复。针对杨某甲教育理念偏差问题，新罗区人民检察院对其进行了针对性的家庭教育指导，杨某甲认识到原来教育方式的错误，提高了亲子沟通和家庭教育的能力。杨某甲服刑期满后，社区将继续跟踪、监督其监护行为。

坚持"春蕾安全员"工作机制，强化主动排查、主动发现。为强化未成年人综合保护，福建省人民检察院、民政厅、妇联共同建立了"春蕾安全员"工作机制，构建各部门广泛参与的未成年人保护队伍，形成部门合力。龙岩市建立了"春蕾安全员"分级介入机制，组织"春蕾安全员"主动排查情况，及时开展介入处置工作。目前，已通过走访主动发现侵害未成年人线索43条，并对11起涉嫌侵害未成年人案件立案调查。

三、典型意义

保护遭受侵害和面临危险的未成年人，发现问题是重要的一步，但只是第一步。发现问题后有力有效地解决问题，使未成年人各项权益得到充分保障，才能使未成年人远离再次遭受侵害的风险，安全健康成长。本案为学校强制报告后，各部门协同发力，对未成年被害人进行有效、综合保护的典型案例。相关职能部门发现未成年人遭受家庭暴力伤害后，第一时间为其进行了医疗康复、临时安置、经济救助、教育帮扶、监护干预等工作，并建立了未成年人保护部门间协同配合机制。各地在落实强制报告制度过程中，不仅要重视责任主体报告责任的落实，还应重视报告后的未成年人保护工作，使身处困难和危险当中的未成年人都能走出困境，远离危险。

11. 姚某甲强奸案（最高人民检察院公布《落实强制报告制度典型案例》案例三）

一、基本案情

姚某甲与姚某乙（案发时14周岁，精神发育迟滞，无性防卫能力）系同村村民。2022年6月，姚某甲趁姚某乙家中无人照看之机，与其发生性关系。2023年1月，姚某乙家人发现其怀孕，怀疑系姚某甲所为，遂找到姚某甲对质。姚某甲承认其强奸姚某乙的事实并赔偿8万余元，姚某乙家人同意不再追究姚某甲责任。后姚某乙在家人陪同下到医院流产。接诊医生发现姚某乙低龄怀孕且智力发育不正常，有遭受性侵害的可能，随即按照强制报告制度要求报告。2023年3月22日，山东省乐陵市检察院对姚某甲涉嫌强奸罪提起公诉。同年5月18日，姚某甲因犯强奸罪被依法判处有期徒刑六年。

二、主要做法

开发智能报告系统，便捷医务人员报告途径。强制报告制度实施过程中，一些医务人员因担心引发医患纠纷、过多占用时间精力等原因，发现可疑情况不愿报告、不敢报告。为打消医务人员顾虑，保障制度落实，2022年，乐陵市检察院、卫健局共同研发"强制报告智能报告系统"，将其嵌入医院诊疗系统。医生在诊疗时若发现未成年人存在怀孕、流产、身体多处损伤等疑似受侵害情况，可通过该系统将相关信息"一键推送"给检察、公安、卫健部门。系统上线后，相关部门开展联合督导、专题培训，大力推动强制报告制度落实。本案中，医务人员就是在犯罪嫌疑人与被害人家属合意"私了"、不同意报案的情况下，通过"强制报告智能报告系统"依法履行报告义务。

检、警、医协作配合，及时调取固定证据，有力惩治犯罪行为。本案案发后，公安机关在医务人员的协助下，及时提取胚胎组织，固定关键证据，检察机关及时介入，为指控犯罪打下了坚实基础。

深入推进社会治理，有效保障残疾儿童受教育权。本案中，姚某乙因失学在家，给犯罪分子造成了可乘之机。针对案件暴露出的部分残疾儿童失学辍学问题，检察机关、教育部门、残联组织共同研发"适龄残疾未成年人受教育权法律监督模型"，通过对适龄残疾儿童名单与在校学生学籍名单进行比对，查找出没有入学就读的适龄残疾儿童，随后推动安置26名残疾儿童随班就读、1名残疾儿童进入特教学校就读、为10名残疾儿童送教上门。在此基础上，多部门共同出台《关于加强适龄残疾未成年人控辍保学实施办法》，制度化保障适龄残疾儿童受教育权。

三、典型意义

医疗场所是发现未成年人遭受侵害线索的重要途径和渠道，2023年检察机关提起公诉的侵害未成年人犯罪案件中1581件系经医务人员报告发现。本案是医务人员履行强制报告义务的典型案例。医生在被害人家属反对的情况下，坚持履行强制报告义务，并配合公安、司法机关及时提取、妥善保管生物检材等易灭失证据，对于及时揭露、有效惩治犯罪起到了关键作用。近年来，社会大众对强制报告制度的理解和认同不断增强，但距离全社会普遍接纳、自觉遵守制度要求仍有差距。一些家庭在子女遭受侵害后不愿通过法律手段维护未成年人权益，更有一些监护侵害案件，家长极力隐瞒犯罪行为。强制报告义务为法定义务，其履行具有强制性，任何人不得阻碍义务履行。负有强制报告责任的人员和单位应牢固树立报告意识，严格落实制度要求。相关职能部门应加强长效机制建设，为制度落实提供充分的便利和保障。此外，各部门应加强对强制报告制度的宣传，提高社会公众的法治意识，促进形成知晓报告、理解报告、支持报告的良好氛围，努力减少报告主体在履行强制报告义务时可能面临的人为阻碍。

12. 高某某虐待案（最高人民检察院公布《落实强制报告制度典型案例》案例四）

一、基本案情

杨某甲与刘某离婚后与高某某同居。因杨某甲常年在外务工，其女儿杨某乙（案发时8周岁）跟随高某某生活。2021年7月至2023年3月，高某某多次殴打、虐待杨某乙，造成轻微伤。班主任董某某发现杨某乙行走不便，经仔细查看发现其腿部烫伤且全身多处陈旧性伤痕。董某某认为杨某乙可能遭受侵害，遂按强制报告要求，将该情况报告所在学校，学校立即报告至教育部门及乡政府，乡政法委员韩某某随即报案。2023年11月30日，河南省濮阳市华龙区人民检察院对高某某涉嫌虐待罪提起公诉。2024年1月26日，法院依法判处高某某有期徒刑一年六个月。

二、主要做法

实化强制报告制度落实，数字赋能畅通报告途径。为有力推动强制报告制度落实，华龙区组建了由未成年人保护领导小组成员单位负责人、乡（办）政法委员为主体的强制报告联络员队伍。联络员负责协调相关工作，监督制度落实。同时，检察机关研发上线"强制报告e平台"，便于联络员进行线索报告、转介处置、保护救助等工作。

本案中，乡政法委员韩某某即是通过"强制报告e平台"报告杨某乙疑似遭受侵害情况。线索经平台自动转介。各部门联络员看到平台信息后开展相应的保护工作。此外，为鼓励广大人民群众举报侵害未成年人犯罪线索，该区将e平台线索举报二维码张贴在酒店、KTV等侵害未成年人案件高发场所和社区、学校等未成年人生活、学习区域，通过手机扫码即可随时举报相关问题。该平台运行两个月，已收到强制报告线索90余条，立案4件，联合帮扶救助37人次。

履行法律监督职责，切实维护未成年人合法权益。本案案发后，杨某甲不愿追究高某某刑事责任，而杨某乙时年仅8岁，年幼无法行使告诉权利，检察机关认定该案属于法定"被害人没有告诉能力"的情形，应当按照公诉案件处理，建议公安机关以高某某涉嫌虐待罪立案侦查。2023年3月23日，公安机关对该案立案侦查。案件办理期间，鉴于杨某甲长期在外务工，无法履行监护职责，经征求杨某乙本人及其生母刘某意见，办案机关指导杨某甲签署变更与刘某的离婚协议书，将杨某乙交由刘某抚养。目前，杨某乙已跟随刘某到外地居住，生活、学习恢复正常。

三、典型意义

强制报告的制度效果取决于落实力度。《未成年人保护法》和九部委《关于建立侵害未成年人案件强制报告制度的意见（试行）》对强制报告制度要求进行了原则性规定，各地仍须结合地区实际，构建符合本地情况的具体落实机制。本案中，发案地区建立的强制报告联络员机制，就是一项务实举措，保证了制度落实过程中责任到人、工作衔接、信息共享。未成年人遭遇家庭暴力伤害后往往不敢、不知运用法律手段维护自身合法权益。教师等密切接触未成年人工作人员必须保持对未成年人异常情况的敏感性，及时发现报告未成年人疑似遭受侵害情况。对于家庭暴力行为构成虐待犯罪，未成年被害人没有能力告诉、无法告诉的，检察机关应当依法按照公诉案件办理。

13. 四川某酒店履行报告责任案（最高人民检察院公布《落实强制报告制度典型案例》案例五）

一、基本案情

2023年4月6日21时许，胡某（男，案发时20周岁）和未成年人王某某（女，案发时13周岁）到四川省凉山州雷波县某酒店办理入住，酒店工作人员依法询问未成年人监护人联系方式及同住二人关系，胡某称其与王某某系男女朋友关系，之后便借口还未吃饭带王某某快速离开，酒店工作人员立即将该可疑情况报告辖区公安机关。民警接报后立即展开工作，及时找到胡某、王某某二人。经核实，王某某当天约胡某打游戏，结束后时间较晚，胡某提出二人在外开房过夜。了解上述情况后，民警迅速联系到王某某监护人将其接回，并对胡某进行严肃批评教育。

二、主要做法

统筹落实强制报告与"五必须"，切实推动报告责任落实到位。为压实报告主体责任，凉山州公安机关对辖区内所有宾馆进行全要素治安信息采集，逐一签订法律告知书、责任承诺书，定期开展拉网式排查，对发现未落实报告责任的及时发放风险提醒单。本案中，宾馆工作人员认真履行强制报告制度和"五必须"规定，在为胡某、王某某二人办理入住期间，发现王某某是未成年人后，详细询问其与同住人员身份关系，发现可疑情况及时向辖区公安机关报告，使未成年人脱离不法侵害风险。

健全工作机制，源头防范治理。凉山州公安局建立"两查一曝"机制，每月组织各区县公安局对州内旅馆等住宿行业履行强制报告制度和"五必须"情况进行交叉检查、随机暗访检查，对发现的问题予以曝光。雷波县公安局、检察院定期召开联席会议，通报沟通相关情况，并在移送案件时一并移送强制报告责任落实情况核查材料。

三、典型意义

宾馆等住宿经营场所因其行业特殊性，易被利用实施性侵未成年人犯罪，住宿经营者严格履行强制报告义务、落实"五必须"规定及未成年人安全保护责任对预防和减少侵害未成年人案事件发生具有重要作用。住宿经营场所在接待未成年人入住时，必须逐一查验入住人员信息，并询问未成年人父母或其他监护人联系方式、入住人员身份关系；发现有违法犯罪嫌疑的，应当立即向公安机关报告。有关部门要加强对旅馆等住宿经营者落实强制报告制度的监督检查，对于落实不力的要及时监督整改，对于屡教不改造成严重后果的依法从严处罚追责。

● *相关规定*

《反家庭暴力法》第13~15条；《关于建立侵害未成年人案件强制报告制度的意见（试行）》

第十二条　科学研究

国家鼓励和支持未成年人保护方面的科学研究，建设相关学科、设置相关专业，加强人才培养。

第十三条　统计调查制度

国家建立健全未成年人统计调查制度，开展未成年人健康、受教育等状况的统计、调查和分析，发布未成年人保护的有关信息。

● **相关规定**

《反家庭暴力法》第 7 条

第十四条 表彰和奖励

国家对保护未成年人有显著成绩的组织和个人给予表彰和奖励。

● **条文注释**

国家奖励，是指各级人民政府和有关部门为了表彰先进、激励后进、充分调动人们的积极性和创造性，依照法定条件和程序，对做出突出贡献、显著成绩或者模范遵纪守法的组织和个人给予物质或者精神奖励的一种行政行为。国家奖励包括表彰和奖励，表彰主要是精神奖励，如通报表扬、给予荣誉称号，奖励一般是给予一定的奖金、经费等。

● **相关规定**

《义务教育法》第 10 条；《民办教育促进法》第 6 条、第 45 条；《儿童福利机构管理办法》第 8 条

第二章　家庭保护

第十五条 监护人及成年家庭成员的家庭教育职责

未成年人的父母或者其他监护人应当学习家庭教育知识，接受家庭教育指导，创造良好、和睦、文明的家庭环境。

共同生活的其他成年家庭成员应当协助未成年人的父母或者其他监护人抚养、教育和保护未成年人。

● **实用问答**

问：未成年人的父母或者其他监护人的职责有哪些？

答：(1) 依法履行监护职责。父母或者其他监护人应当遵守本法第16条和第17条规定，通过积极作为全面履行监护义务，不得实施法律禁止的行为。

(2) 学习家庭教育知识、接受家庭教育指导。履行监护职责的一项重要内容是实施家庭教育，即监护人有意识地通过自己的言传身教和家庭生活实践，对未成年子女施以一定教育影响的社会活动。通常来说，家庭教育的范围如下：亲职教育；子职教育；两性教育；婚姻教育；伦理教育；家庭资源与管理教育；其他家庭教育事项。为了保障未成年人受到良好的家庭教育，监护人应当树立正确的家庭教育观念，掌握和运用科学的家庭教育方法，这就要求他们主动学习家庭教育知识，积极接受社区、学校或者社会组织提供的家庭教育指导服务。

(3) 创造良好、和睦、文明的家庭环境。国内许多项调查显示，父母经常吵架、很少与孩子在一起交流，家庭生活不和谐的环境可能引起未成年人的人格缺陷或行为偏差，甚至导致其走上违法犯罪的道路。而和睦幸福的家庭，则会使孩子拥有一个温暖安全的依靠点，形成良好的心理素质和健康的人格，这样的家庭环境容易让孩子得到坚韧不拔、拼搏向上的精神力量。家庭环境包括家庭结构、家庭成员之间的关系、家庭生活方式三个方面。

● **相关规定**

《民法典》第27条、第1043条；《最高人民法院关于适用〈中华人民共和国民法典〉婚姻家庭编的解释（一）》第43条

第十六条　监护职责

未成年人的父母或者其他监护人应当履行下列监护职责：

（一）为未成年人提供生活、健康、安全等方面的保障；

（二）关注未成年人的生理、心理状况和情感需求；

（三）教育和引导未成年人遵纪守法、勤俭节约，养成良好的思想品德和行为习惯；

（四）对未成年人进行安全教育，提高未成年人的自我保护意识和能力；

（五）尊重未成年人受教育的权利，保障适龄未成年人依法接受并完成义务教育；

（六）保障未成年人休息、娱乐和体育锻炼的时间，引导未成年人进行有益身心健康的活动；

（七）妥善管理和保护未成年人的财产；

（八）依法代理未成年人实施民事法律行为；

（九）预防和制止未成年人的不良行为和违法犯罪行为，并进行合理管教；

（十）其他应当履行的监护职责。

● **条文注释**

从未成年人的需求角度来看，本条规定的监护职责可以分为四个方面：一是保障未成年人的生存、人身安全与身体健康；二是促进未成年人的心理健康，满足未成年人的精神情感需求；三是教育、引导和帮助未成年人养成良好品行、遵守社会规则；四是保障未成年人经济社会发展权益，包括受教育权、休息娱乐和体育锻炼的权利、财产权益、代理实施民事法律行为等。

根据《家庭教育促进法》第49条的规定："公安机关、人民检察院、人民法院在办理案件过程中，发现未成年人存在严重不良行为或者实施犯罪行为，或者未成年人的父母或者其他监护人不正确实施家庭教育侵害未成年人合法权益的，根据情况对父母或者其他监护人予以训诫，并可以责令其接受家庭教育指导。"

● *实用问答*

1. 问：监护人如何履行监护职责？

答：《民法典》第34条规定，监护人的职责是代理被监护人实施民事法律行为，保护被监护人的人身权利、财产权利以及其他合法权益等。监护人依法履行监护职责产生的权利，受法律保护。监护人不履行监护职责或者侵害被监护人合法权益的，应当承担法律责任。因发生突发事件等紧急情况，监护人暂时无法履行监护职责，被监护人的生活处于无人照料状态的，被监护人住所地的居民委员会、村民委员会或者民政部门应当为被监护人安排必要的临时生活照料措施。第35条第1款、第2款规定，监护人应当按照最有利于被监护人的原则履行监护职责。监护人除为维护被监护人利益外，不得处分被监护人的财产。未成年人的监护人履行监护职责，在作出与被监护人利益有关的决定时，应当根据被监护人的年龄和智力状况，尊重被监护人的真实意愿。

2. 问：为未成年人提供生活、健康、安全等方面保障的基本要求？

答：生活、健康和安全是保障未成年人生存权的基本要求。一是保障基本生活。一般来说，未成年人普遍缺乏独立生存的能力，父母和其他监护人作为第一责任人，应当为未成年人提供衣、食、住或其他生活必需品，满足未成年人基本的生存需求。二是保障身体健康。父母或其他监护人应当保障未成年人基本医疗卫生保健条件，生病及时就医。例如《疫苗管理法》规定,监护人应当依法保证适龄儿童按时接种免疫规划疫苗。三是保障基本安全,安全包括人身安全和财产安全,这里主要是指父母或其他监护人应当为未成年人提供安全的生活条件,保障未成年人人身安全。例如,在家庭生活中,及时排除触电、烫伤、跌落等伤害的安全隐患;在户外活动中,避免未成年人发生溺水、踩踏事故。

● **典型案例**

江某诉钟某变更抚养关系案(最高人民法院发布《保护未成年人权益十大优秀案例》)[①]

原告江某与被告钟某于2009年3月10日登记结婚,婚后育有一子,取名江某俊。2011年9月20日,双方因感情不和,经法院调解协议离婚,约定儿子江某俊由母亲钟某抚养,江某每月支付抚养费600元,直到孩子独立生活为止。离婚后,钟某将婚姻的不幸转嫁到孩子身上,以种种理由拒绝让父子相见。更为严重的是,钟某无工作,租住在廉租房内靠亲人接济为生,常年闭门不出,也不让江某俊上学读书。江某曾于2015年6月8日向法院起诉要求变更抚养权,后撤回起诉。为了孩子的成长,2016年10月11日江某再次向法院提起诉讼要求变更江某俊抚养关系,后经法院主持调解,江某与钟某达成和解协议,江某俊抚养权依然归钟某,江某俊的生活、教育所需费用均由江某承担。江某按约履行了调解书约定的义务,但是钟某拒不履行调解书约定的义务。江某俊年满8周岁,已达到适学年龄,经法院多次执行,钟某仍拒绝送孩子上学,严重影响了孩子的健康成长,而江某俊爷爷奶奶为了孩子上学,频繁越级上访,导致矛盾激化。2018

[①] 参见《保护未成年人权益十大优秀案例》,载最高人民法院网站,http://www.court.gov.cn/zixun-xiangqing-161502.html,最后访问时间:2025年3月17日。下文同一出处案例不再特别提示。

年3月，原告江某再次向法院起诉，要求变更儿子抚养关系。为了化解矛盾，法院联合该市未成年人保护办公室，妇联、团委、家调委、社区、教育等部门工作人员积极配合，多次上门调解，钟某仍拒绝送孩子上学。经与孩子沟通，孩子表示愿意上学读书，未成年人保护办公室和市妇联联合取证，并作为未成年保护组织出庭支持诉讼。

法院经审理认为，适龄儿童接受义务教育是家长的义务，根据市团委、妇联作为未成年人保护组织为江某俊调取的大量证据材料，证明钟某作为法定监护人，剥夺江某俊的受教育权，严重影响了孩子的身心健康发展，侵犯了未成年人的合法权益。为保护江某俊的受教育权，保障其健康成长，法院在事实证据充分的情况下，依法变更江某俊的抚养关系。

父母或者其他监护人应当尊重未成年人受教育的权利，必须使适龄未成年人依法入学接受并完成义务教育，不得使接受义务教育的未成年人辍学。与子女共同生活的一方不尽抚养义务，另一方要求变更子女抚养关系的，人民法院应予支持。本案中，江某俊随钟某生活期间，钟某不履行监护义务，拒绝送江某俊上学，不让孩子接受义务教育，严重侵犯了孩子受教育权利。钟某无工作，无住房，无经济来源，无法保障孩子生活、学习所需，且侵犯孩子受教育权，本着儿童利益最大化原则，法官判决支持江某变更抚养关系的诉求。子女的成长是一个长期的动态过程，随着时间的推移，离婚时协商或判决所依据的父母双方的抚养能力和抚养条件可能会在子女成长过程中产生很大的变化，所以法律出于保证子女的健康成长考虑，允许离婚夫妇以协议或诉讼的方式变更与子女的抚养关系。在抚养的过程中，不光要给予生活保障，学习教育权利更应当保障，如果一方怠于履行义务，人民法院将依法进行抚养关系变更。

● *相关规定*

《宪法》第49条；《民法典》第23条、第26条、第34条、第1058条；《妇女权益保障法》第36条；《预防未成年人犯罪法》第2条、第15~16条、第28~29条、第38~39条

第十七条　监护禁止行为

未成年人的父母或者其他监护人不得实施下列行为：

（一）虐待、遗弃、非法送养未成年人或者对未成年人实施家庭暴力；

（二）放任、教唆或者利用未成年人实施违法犯罪行为；

（三）放任、唆使未成年人参与邪教、迷信活动或者接受恐怖主义、分裂主义、极端主义等侵害；

（四）放任、唆使未成年人吸烟（含电子烟，下同）、饮酒、赌博、流浪乞讨或者欺凌他人；

（五）放任或者迫使应当接受义务教育的未成年人失学、辍学；

（六）放任未成年人沉迷网络，接触危害或者可能影响其身心健康的图书、报刊、电影、广播电视节目、音像制品、电子出版物和网络信息等；

（七）放任未成年人进入营业性娱乐场所、酒吧、互联网上网服务营业场所等不适宜未成年人活动的场所；

（八）允许或者迫使未成年人从事国家规定以外的劳动；

（九）允许、迫使未成年人结婚或者为未成年人订立婚约；

（十）违法处分、侵吞未成年人的财产或者利用未成年人牟

取不正当利益；

（十一）其他侵犯未成年人身心健康、财产权益或者不依法履行未成年人保护义务的行为。

● *典型案例*

1. **林某某被撤销监护人资格案**（《最高人民法院关于侵害未成年人权益被撤销监护人资格典型案例》）[①]

福建省仙游县榜头镇梧店村村民林某某（女）多次使用菜刀割伤年仅9岁的亲生儿子小龙（化名）的后背、双臂，用火钳鞭打小龙的双腿，并经常让小龙挨饿。自2013年8月始，当地镇政府、村委会干部及派出所民警多次对林某某进行批评教育，但林某某拒不悔改。2014年1月，共青团莆田市委、市妇联等部门联合对林某某进行劝解教育，林某某书面保证不再殴打小龙，但其后林某某依然我行我素。同年5月29日凌晨，林某某再次用菜刀割伤小龙的后背、双臂。为此，仙游县公安局对林某某处以行政拘留十五日并处罚款人民币1000元。6月13日，申请人仙游县榜头镇梧店村村民委员会以被申请人林某某长期对小龙的虐待行为已严重影响小龙的身心健康为由，向法院请求依法撤销林某某对小龙的监护人资格，指定梧店村村民委员会作为小龙的监护人。在法院审理期间，法院征求小龙的意见，其表示不愿意随林某某共同生活。

福建省仙游县人民法院经审理认为，监护人应当履行监护职责，保护被监护人的身体健康、照顾被监护人的生活，对被监护人进行管

[①] 参见《最高人民法院关于侵害未成年人权益被撤销监护人资格典型案例》，载最高人民法院网站，http://www.court.gov.cn/zixun-xiangqing-21481.html，最后访问时间：2025年3月17日。下文同一出处案例不再特别提示。

理和教育，履行相应的监护职责。被申请人林某某作为小龙的监护人，未采取正确的方法对小龙进行教育引导，而是采取打骂等手段对小龙长期虐待，经有关单位教育后仍拒不悔改，再次用菜刀割伤小龙，其行为已经严重损害小龙的身心健康，故其不宜再担任小龙的监护人。依照民法及未成年人保护法的有关规定，撤销被申请人林某某对小龙的监护人资格；指定申请人仙游县榜头镇梧店村村民委员会担任小龙的监护人。

撤销父母监护权是国家保护未成年人合法权益的一项重要制度。父母作为未成年子女的法定监护人，若不履行监护职责，甚至对子女实施虐待、伤害或者其他侵害行为，再让其担任监护人将严重危害子女的身心健康。结合本案情况，仙游县人民法院受理后，根据法律的有关规定，在没有其他近亲属和朋友可以担任监护人的情况下，按照最有利于被监护人成长的原则，指定当地村民委员会担任小龙的监护人。本案宣判后，该院还主动与市、县两级团委、妇联沟通，研究解决小龙的救助、安置等问题。考虑到由村民委员会直接履行监护职责存在一些具体困难，后在团委、民政部门及社会各方共同努力之下，最终将小龙妥善安置在SOS儿童村，切实维护小龙的合法权益。本案为2015年1月1日开始施行的最高人民法院、最高人民检察院、公安部、民政部《关于依法处理监护人侵害未成年人权益行为若干问题的意见》中有关有权申请撤销监护人资格的主体及撤销后的安置问题等规定的出台，提供了实践经验，并对类似情况发生时，如何具体保护未成年人权益，提供了示范样本。

2. 岳某某被撤销监护人资格案（《最高人民法院关于侵害未成年人权益被撤销监护人资格典型案例》）

申请人屈某某、张某某系屈某一之父母。屈某一与被申请人岳某某（女）婚后生育子女岳某一（姐）、岳某二（弟）。2007年，屈某一意外死亡，岳某某独自离家未归。多年来岳某一、岳某二与两申请人（祖父母）一起生活。被申请人岳某某现已再婚。申请人屈某某、张某某申请撤销岳某某对岳某一、岳某二的监护权，同时指定申请人屈某某、张某某为岳某一、岳某二的监护人，被申请人岳某某表示同意。

陕西省兴平市人民法院经审理认为，监护人应当履行监护职责，保护被监护人的人身、财产及其他合法权益。被申请人岳某某在其丈夫去世后，未履行对其子女岳某一、岳某二的抚养、照顾、教育、管理义务。现被申请人岳某某对申请人屈某某、张某某的申请表示同意，且岳某一、岳某二一直与申请人屈某某、张某某（祖父母）共同生活，由申请人抚养至今，故对两申请人的主张予以支持。

父母作为未成年人的法定监护人，应当履行法定监护职责。本案中，被申请人作为未成年人的母亲，长期不履行对子女的监护职责，而由未成年人的祖父母实际进行抚养、照顾等监护义务。将监护人变更为未成年人的祖父母，不但符合实际的监护情况，也符合包括被申请人在内的各方利害关系人的意愿，符合未成年人保护的立法意旨。实践中，祖父母抚养孙子女等留守儿童的现象日益普遍，在作为法定监护人的父母不履行或者不能履行监护职责的情况下，赋予祖父母监护人身份，有利于稳定家庭关系及社会秩序，促进未成年人权益保障，这也是本案的典型意义所在。

3. 耿某某、马某被撤销监护人资格案（《最高人民法院关于侵害未成年人权益被撤销监护人资格典型案例》）

被申请人耿某某、马某系同居关系，双方于2007年4月生育儿子耿某一。马某有智力残疾，耿某某经常因为家庭琐事殴打耿某一，给耿某一造成了严重的身体和精神上的伤害。耿某某也经常殴打马某，致使马某离家出走，下落不明。公安机关在调查耿某一被殴打时，耿某某也离家出走，下落不明。耿某一的祖父、祖母均已去世，耿某一的外祖父、外祖母已经离婚，耿某一与其外祖母已无联系，其外祖父无正式工作，体弱多病无力作为监护人承担监护责任。由于父母均出走，耿某一独自在家，社区居委会、兴山区团委及鹤岗市团委为了保护未成年人的合法权益，将耿某一送至鹤岗市流浪乞讨人员救助站即鹤岗市未成年人社会保护中心。为了保护耿某一的人身安全，鹤岗市流浪乞讨人员救助站作为申请人，向鹤岗市兴山区人民法院起诉要求撤销耿某某、马某的监护权。

黑龙江省鹤岗市兴山区人民法院经审理认为，耿某某经常殴打耿某一，给其造成了严重的身体及精神伤害，其已经不能继续承担监护责任。马某虽是耿某一的母亲，但是其作为限制民事行为能力人，无独立生活能力，也无力继续承担监护责任。耿某一的其他近亲属均无力作为耿某一的监护人。鹤岗市兴山区人民法院依照法律规定，对此案进行了缺席审理，判决撤销了被申请人耿某某、马某的监护人资格。指定鹤岗市民政局作为耿某一的监护人，由鹤岗市民政局所属的鹤岗市儿童福利院承担对耿某一的监护职责。

本案是一起撤销监护权的典型案例。虽然我国法律对撤销监护权作了规定，但是在现实生活中撤销监护权的案件却非常少。本案在审理中的最大亮点就是为了让未成年人的利益最大化，在依法指定民政局担任监护人的同时，由民政局所属的儿童福利院承担了监护职责。现阶段我国的儿童福利院受到了国家的高度重视，其居住、教育设施、人员配备较为完善，这样的生活、教育环境更有利于未成年人的健康成长，同时也解决了剥夺监护权后未成年人的生活和教育问题。

4. 周某被撤销监护人资格案（《最高人民法院关于侵害未成年人权益被撤销监护人资格典型案例》）

申请人秦某某、周某某系夫妻关系，1978年6月领养了周某。1999年至2000年，秦某某、周某某因周某吸食毒品屡教不改并偷拿家中财物导致矛盾激化，双方于2000年11月21日经上海市长宁区人民法院主持调解，解除了秦某某、周某某与周某之间养父母与养女关系。2005年3月23日，周某在外非婚生育一女，取名周某一。2005年6月，周某找到秦某某、周某某希望能暂时代为照顾周某一。但当老两口接手孩子后，周某只是每年偶尔来看看孩子，也未支付过抚养费。自2013年2月起，周某未再看望过周某一，也未履行抚养义务，经秦某某、周某某多次电话联系，仍无法联系到周某。周某一现就读于上海市某小学四年级，成绩优良，但因被申请人周某未履行监护职责，未能办理户籍。本案在审理期间法院委托上海市阳光社区青少年事务中心长宁工作站进行社会观护。社会观护员反映：周某一自幼由两申请人照顾，被申请人偶尔回家一次。现一年多没有回家或者联系周某一。平时申请人周某某负责接送周某一，课余经常带周某一去各种游乐场所和公园，申请人秦某某负责周某一的饮食起居和学习。周某一明确表示希望和两申请人生活在一起，不喜欢母亲周某。因为周某下落不明以及消极处理周某一的户籍问题，导致周某一目前处于没有户籍、没有医保、没有身份证的状况，亦增加了两申请人的经济负担。社会观护员建议从保障未成年人权益出发，由两申请人担任周某一监护人为宜。

上海市长宁区人民法院经审理后认为，两申请人虽为年迈老人，且与未成年人周某一无法律关系、无抚养义务，但出于对未成年人的关爱之情，长期抚养周某一，并经所在居民委员会同意，向人民法院提出撤销周某的监护人资格。而在周某一的生父尚不明确情况下，生母周某作为唯一法定监护人不亲身切实履行抚养周某一的义务,不承担抚养费用,未能有效履行抚养未成年人的义务,不宜再担任周某一的监护人。鉴于两申请人长期抚养周某一,具有抚养能力,双方形成亲密抚养关系,且相关证据亦表明未成年人周某一在两申请人的照顾下成长状况良好,学习成绩优良,可以认为两申请人具备监护周某一的资格和条件。判决:撤销被申请人周某的监护人资格。变更申请人秦某某、周某某为周某一的监护人。

这个案件是上海首例监护人不尽抚养义务被撤销监护权的案件。这个案件给我们的启示是,并不是只有虐待未成年子女才会受到法律制裁,监护人长期不尽抚养义务,也会被剥夺监护权,由国家或者他人代为行使监护权。孩子不是父母的私有财产,他们是国家的未来,一旦发现未成年人权益受到侵害,公民有报告的义务,这样才会逐步减少未成年人权益受侵害的现象。

● **相关规定**

《刑法》第29条、第260条、第260条之一、第262条、第262条之一、第262条之二;《民法典》第35条、第1042条;《劳动法》第64~65条;《预防未成年人犯罪法》第29条、第39条;《反家庭暴力法》第3条;《关于依法处理监护人侵害未成年人权益行为若干问题的意见》

第十八条 监护人的安全保障义务

未成年人的父母或者其他监护人应当为未成年人提供安全的家庭生活环境,及时排除引发触电、烫伤、跌落等伤害的安全隐患;采取配备儿童安全座椅、教育未成年人遵守交通规则等措施,防止未成年人受到交通事故的伤害;提高户外安全保护意识,避免未成年人发生溺水、动物伤害等事故。

● **实用问答**

问：父母或者其他监护人对未成年子女的安全保障义务主要包括哪些方面？

答：未成年人的父母或者其他监护人对未成年子女的安全保障义务主要包括以下三个方面：一是保障家庭生活环境的安全。安全的家庭生活环境是保护未成年人生命健康权的第一道防线。在家庭生活环境中造成未成年人的伤害主要有触电、烫伤、跌落。二是防止未成年人受到交通事故的伤害。未成年人的父母或者其他监护人应当采取配备儿童安全座椅、教育未成年人遵守交通规则等措施，防止未成年人受到交通事故的伤害。三是保障未成年人户外活动的安全。户外活动容易造成的未成年人意外伤害主要包括溺水和动物伤害。针对前者，父母或者其他监护人首先要提高自身预防溺水的安全意识，加强对未成年人的安全教育，让未成年人掌握游泳和水上安全技巧；至于后者，父母或者其他监护人应当教育未成年人在户外碰到动物时，不要用手去触摸、追赶，尽量避让、远离，以避免受到伤害。

● **典型案例**

吴某某被撤销监护人资格案（《最高人民法院关于侵害未成年人权益被撤销监护人资格典型案例》）

吴某某（女）系广西籍来琼流浪人员，流浪于海南省琼海市，在海南省没有固定住所，没有生活经济来源。2015年4月25日，吴某某独身一人在琼海市妇幼保健院生育一名女婴吴某。4月26日早上，吴某某带着孩子私自出院，流浪在海南省琼海市嘉积镇街道。琼海市公安局嘉积派出所、嘉积镇综合办及琼海市救助站相关人员找到吴某某，并将吴某某和孩子送往琼海市人民医院，吴某被收入琼海市人民医院新生儿科，但吴某某拒绝住院，当天便自行离开医院，不知所踪。2015年5月5日，吴某出院，交由琼海市救助站送往嘉积镇院代为抚养至今，抚育费用由琼海市救助站支付。琼海市救助站代为抚养期间，向吴某某的父亲及母亲发出抚养信函，吴某某父母亲于2015年7月8日声明：因年事已高，且家庭经济困难，无能力抚养，故自愿放弃对外孙女（吴某）的抚养权。2015年7月22日，琼海市救助站报请琼海市嘉积镇派出所依法传唤吴某某到派出所商讨女婴抚养事宜，吴某某当场发表自愿放弃孩子抚养权和监护权的声明。2015年8月25日，琼海市救助站于2015年11月2日起诉至法院。

海南省琼海市人民法院经审理认为，吴某某系流浪人员，没有生活来源，经济困难，虽为孩子的母亲，但未尽照顾孩子的责任，甚至将孩子丢弃于医院，私自离开。孩子出院以后，均由琼海市救助站抚养。吴某某的父母亲也表示因经济困难，无法抚养孩子而放弃抚养权。孩子的父亲也不知是何人。为有利于孩子的健康和成长，依照《民法通则》①第16条之规定，撤销被申请人吴某某对吴某的监护人资格，指定申请人琼海市流浪乞讨人员救助管理站为吴某的监护人。

从本案情况来看，吴某某作为吴某的母亲，是吴某第一监护人，但吴某某长期在外流浪，没有固定住所，没有生活来源，事实上无法承担起监护孩子的职责。吴某某在孩子出生后，没有承担起抚养孩子的义务，孩子一直交由琼海市救助站抚养，在琼海市嘉积镇派出所调解和法院审理期间，明确声明自愿放弃孩子抚养权和监护权。基于保护女婴生命和健康成长需要，琼海市救助站依法提起了撤销监护权诉讼，琼海市人民法院根据最高人民法院、最高人民检察院、公安部、民政部《关于依法处理监护人侵害未成年人权益行为若干问题的意

---

① 已失效。

见》第35条的规定，撤销吴某某的监护人资格，指定申请人琼海市流浪乞讨人员救助管理站为吴某的监护人。判决彰显了国家保护未成年人理念，也为民政部门、人民法院依法履行未成年人国家监护职责提供了范本。

第十九条　尊重未成年人的知情权

> 未成年人的父母或者其他监护人应当根据未成年人的年龄和智力发展状况，在作出与未成年人权益有关的决定前，听取未成年人的意见，充分考虑其真实意愿。

● **条文注释**

本条是关于父母或者其他监护人在作出与未成年人权益有关的决定时应当尊重未成年人知情权的规定，包含父母或者其他监护人的决定权和未成年人的知情权两方面内容。

● **实用问答**

问：未成年人享有知情权的前提条件是什么？

答：未成年人享有知情权的前提条件包括两个方面：（1）与未成年人年龄、智力状况相适应。这可以从三个方面认定：与未成年人生活相关联的程度；未成年人的智力能力能否理解，并预见相应的后果；标的数额。（2）与未成年人权益有关。只有决定涉及未成年人的人身、财产或其他合法权益时，未成年人才享有知情权。

● **相关规定**

《民法典》第35条、第1084条；《教育部关于加强家庭教育工作的指导意见》

第二十条 监护人的报告义务

未成年人的父母或者其他监护人发现未成年人身心健康受到侵害、疑似受到侵害或者其他合法权益受到侵犯的，应当及时了解情况并采取保护措施；情况严重的，应当立即向公安、民政、教育等部门报告。

● **条文注释**

本条是关于未成年人的父母或者其他监护人及时采取保护措施和强制报告义务的规定。与本法第11条规定的强制报告制度不同，本条将报告的主体限定为未成年人的父母或者其他监护人。这是因为，父母或者其他监护人承担着抚养、教育、保护未成年人等监护职责，与未成年人共同生活，关系最为密切，最有可能发现未成年人身心健康是否受到侵害，应当承担报告的义务。

● **实用问答**

问：什么情况下，监护人应立即向公安、民政、教育等部门报告？

答：侵害行为达到违法犯罪程度，对未成年人造成了严重侵害后果的，如性侵害未成年人，教唆、利用未成年人实施违法犯罪行为，胁迫、诱骗、利用未成年人乞讨，以及受欺凌等，应当区分情况，立即向公安、民政、教育等行政主管部门报告，便于相关部门及时介入开展工作。

第二十一条 临时照护及禁止未成年人单独生活

未成年人的父母或者其他监护人不得使未满八周岁或者由于身体、心理原因需要特别照顾的未成年人处于无人看护状态，或者将其交由无民事行为能力、限制民事行为能力、患有严重传染性疾病或者其他不适宜的人员临时照护。

> 未成年人的父母或者其他监护人不得使未满十六周岁的未成年人脱离监护单独生活。

● **条文注释**

本条是关于临时照护和禁止未成年人单独生活的规定,主要包括以下三个方面的内容:(1)父母不能使未成年人处于无人看护状态。父母或者其他监护人不能使两类未成年人处于无人看护的状态:一是未满8周岁的未成年人;二是因心理、身体原因需要特殊照顾的未成年人。(2)父母应当委托具备条件的人员代为临时照护。临时照护是父母或者其他监护人因故不能直接看护需要特殊照护的未成年子女时,应当把子女交给符合条件的人短时间照料和看护。但是,为了保障未成年人的身心健康和人身安全,本条规定了父母或者其他监护人不得将未成年子女交给其临时照护的四类人员。(3)16周岁以下的未成年人不能脱离监护单独生活。

● **相关规定**

《民法典》第18~20条;《预防未成年人犯罪法》第35条

第二十二条 设立长期照护的条件

> 未成年人的父母或者其他监护人因外出务工等原因在一定期限内不能完全履行监护职责的,应当委托具有照护能力的完全民事行为能力人代为照护;无正当理由的,不得委托他人代为照护。
>
> 未成年人的父母或者其他监护人在确定被委托人时,应当综合考虑其道德品质、家庭状况、身心健康状况、与未成年人生活情感上的联系等情况,并听取有表达意愿能力未成年人的意见。

具有下列情形之一的，不得作为被委托人：

（一）曾实施性侵害、虐待、遗弃、拐卖、暴力伤害等违法犯罪行为；

（二）有吸毒、酗酒、赌博等恶习；

（三）曾拒不履行或者长期怠于履行监护、照护职责；

（四）其他不适宜担任被委托人的情形。

● **实用问答**

问：长期照护的适用要点有哪些？

答：一是具备正当理由，主要包括两种。第一种为主观上的履行不能，即父母或者其他监护人因外出务工或其他同种类行为而不能履行职责。第二种为客观上的履行不能，一般是由于疾病或意外事故等不可预见且不能控制的事由导致未成年人父母部分或全部丧失民事行为能力进而不能履行职责。除此之外，如不具备正当理由，不得任意委托他人代为照护。二是在一定期限内无法完全履行监护职责。根据这一要求，父母或者其他监护人无法履行监护职责限定于一定期限、部分的不能。如果父母或者其他监护人已经永远丧失履行全部监护职责的能力或者条件，则应当依法另行确定其他人作为监护人。三是选定具有照护能力的完全民事行为能力人。选定被委托人时，应当符合本条第2款、第3款的规定，其须具备照护未成年人的能力和条件。四是委托的内容限于照护职责，包括照料未成年人的日常生活，教育和关心爱护未成年人，保护未成年人的人身、财产及其他合法权益。这也意味着还有部分监护职责不能委托，必须由父母或者其他监护人亲自履行或者与被委托人共同履行。五是及时委托照护是父母或者其他监护人的义务。父母或者其他监护人具备正当理由时，必须及时选定合格的被委托人，防止出现无人照护、失教失管等风险状况。这是父母或者其他监护人的一项义务，不能怠于履行或者拒绝履行。

第二十三条　设立长期照护的监护人的义务

未成年人的父母或者其他监护人应当及时将委托照护情况书面告知未成年人所在学校、幼儿园和实际居住地的居民委员会、村民委员会，加强和未成年人所在学校、幼儿园的沟通；与未成年人、被委托人至少每周联系和交流一次，了解未成年人的生活、学习、心理等情况，并给予未成年人亲情关爱。

未成年人的父母或者其他监护人接到被委托人、居民委员会、村民委员会、学校、幼儿园等关于未成年人心理、行为异常的通知后，应当及时采取干预措施。

● **相关规定**

《国务院关于加强农村留守儿童关爱保护工作的意见》

第二十四条　父母离婚对未成年子女的义务

未成年人的父母离婚时，应当妥善处理未成年子女的抚养、教育、探望、财产等事宜，听取有表达意愿能力未成年人的意见。不得以抢夺、藏匿未成年子女等方式争夺抚养权。

未成年人的父母离婚后，不直接抚养未成年子女的一方应当依照协议、人民法院判决或者调解确定的时间和方式，在不影响未成年人学习、生活的情况下探望未成年子女，直接抚养的一方应当配合，但被人民法院依法中止探望权的除外。

● **实用问答**

问：未成年人的父母离婚有哪些法律上的注意义务？

答：一是必须妥善处理未成年子女的抚养、教育、探望、财产等事宜。如何理解"妥善"，应当根据最有利于未成年人原则进行判断，父母需要强化未成年子女在家庭中享有独立人身权利和财产权利的观念。一方面，未成年子女在家庭中的人身权利受法律保护；另一方面，未成年子女在家庭中的财产权利受法律保护。

二是就有关事宜的安排，应当听取有表达意愿能力未成年人的意见，并予以充分考虑。在离婚制度中也应坚持最有利于未成年人原则，首先要保障未成年人表达自己意愿的权利。在父母协议离婚时，虽然未成年子女本身并没有权利干涉父母的婚姻自由（离婚自由），需要接受父母离婚的事实，但是这并不意味着子女关于父母的离婚协议内容没有任何表达意愿的权利，父母有责任为了未成年子女的健康成长作出合理安排以及利益让步，所以协议离婚制度不仅应当平衡婚姻当事人的利益，也应该保护未成年子女的利益，最大限度尊重未成年子女的意愿。未成年子女表达意愿的内容很丰富，包括提出关于直接抚养人意见的权利，与父母及其他近亲属交往联络的权利，与家庭成员团聚的权利，等等。

三是禁止以抢夺、藏匿未成年子女等方式争夺抚养权。

四是共同配合行使探望权。未成年人的健康成长，既需要充足的物质保障，也需要来自父母的精神关爱，两者缺一不可，任何一方的缺失都有可能给未成年子女的身心健康带来不利影响。因此，除被人民法院依法中止探望权的以外，不直接抚养未成年子女的一方也有义务依照协议、人民法院判决或者调解确定的时间和方式，在不影响未成年人学习、生活的情况下探望未成年子女，直接抚养的一方有义务予以配合。

● **典型案例**

文某东强奸案（《江西高院发布十大未成年人权益保护典型案例》）①

被害人文某某（2007年7月出生），随母亲涂某、妹妹文某及涂某同居男友——被告人文某东一起生活。2017年9月前后的一天下午，文某东趁涂某和文某不在家之际，对文某某实施了强奸行为，并持续不定期实施侵害行为，一直到2020年6月被发现。经诊断，被害人文某某处女膜陈旧性裂伤。

法院经审理认为，被告人文某东违背被害人文某某意志，明知被害人系未满12周岁的幼女，利用与被害人共同生活及身份上的便利，多次、长期对被害人实施奸淫行为，其行为已构成强奸罪，情节恶劣，依法应予严惩。文某东到案后，对公诉机关指控的强奸部分的犯罪事实进行狡辩，未如实供述，亦未反思其犯罪行为对被害人身心及今后人生造成的严重伤害后果，主观恶性深，悔罪认罪态度差，根据文某东的犯罪事实、性质、情节和社会危害性，以强奸罪判处其有期徒刑十四年。

幼女因思想单纯懵懂、身心发育尚未成熟、自我保护意识差，容易成为犯罪分子下手的对象，特别是幼女被性侵犯罪需引起社会关注。社会生活中，父母离婚后，随一方生活的未成年子女由于亲生父母疏于关心爱护，被共同生活人员侵害的案件时有发生，此类案件严重背离人民群众朴素的伦理道德期待，为人民群众所深恶痛绝。本案坚持特殊、优先保护原则，对被告人利用与未成年被害人共同生活及

---

① 参见《江西高院发布十大未成年人权益保护典型案例》，载江西法院网，http://jxgy.jxfy.gov.cn/article/detail/2022/05/id/6715379.shtml，最后访问时间：2025年3月17日。下文同一出处案例不再特别提示。

身份上的便利条件，诱骗、胁迫被害人多次、长期发生性关系的，依法认定为情节恶劣，予以从严惩处；同时，本着"应救尽救"的救助、帮扶理念，及时对被害人进行了司法救助。本案体现了人民法院对该类肆意挑战法律红线及道德底线的犯罪依法从严、从重处罚的零容忍态度，充分保障了未成年人的合法权益；也提示重组家庭，父母应重视对未成年子女身心健康的保护，防止其受到身边"中山狼"的侵害。

● 相关规定

《民法典》第1076条、第1078条、第1084条、第1086条；《最高人民法院关于适用〈中华人民共和国民法典〉婚姻家庭编的解释（一）》第67条；《最高人民法院关于在涉及未成年子女的离婚案件中开展"关爱未成年人提示"工作的意见》

第三章 学校保护

第二十五条 全面贯彻国家教育方针政策

学校应当全面贯彻国家教育方针，坚持立德树人，实施素质教育，提高教育质量，注重培养未成年学生认知能力、合作能力、创新能力和实践能力，促进未成年学生全面发展。

学校应当建立未成年学生保护工作制度，健全学生行为规范，培养未成年学生遵纪守法的良好行为习惯。

● 相关规定

《义务教育法》第5条

| 第二十六条 | 幼儿园的保育教育职责 |

幼儿园应当做好保育、教育工作,遵循幼儿身心发展规律,实施启蒙教育,促进幼儿在体质、智力、品德等方面和谐发展。

● *实用问答*

问：幼儿园保育和教育的主要目标是什么？

答：《幼儿园工作规程》规定了幼儿园保育和教育的主要目标为：(1) 促进幼儿身体正常发育和机能的协调发展，增强体质，促进心理健康，培养良好的生活习惯、卫生习惯和参加体育活动的兴趣；(2) 发展幼儿智力，培养正确运用感官和语言交往的基本能力，增进对环境的认识，培养有益的兴趣和求知欲望，培养初步的动手探究能力；(3) 萌发幼儿爱祖国、爱家乡、爱集体、爱劳动、爱科学的情感，培养诚实、自信、友爱、勇敢、勤学、好问、爱护公物、克服困难、讲礼貌、守纪律等良好的品德行为和习惯，以及活泼开朗的性格；(4) 培养幼儿初步感受美和表现美的情趣和能力。

● *相关规定*

《幼儿园管理条例》第2~3条；《幼儿园工作规程》第2~3条；《托儿所幼儿园卫生保健管理办法》第3条

| 第二十七条 | 尊重未成年人人格尊严，不得实施体罚 |

学校、幼儿园的教职员工应当尊重未成年人人格尊严，不得对未成年人实施体罚、变相体罚或者其他侮辱人格尊严的行为。

● *条文注释*

本条是关于尊重未成年人人格尊严，禁止体罚或者变相体罚等错误教育手段的规定。体罚及变相体罚行为，通常是指教师以暴力的方法或以暴力相威胁，或者以其他强制性手段来制止和预防学生的某些不良做法，直接或间接伤害学生身体的教师问题行为。具有此类行为特征的教师，其主要表现是：直接责打学生、让学生代行体罚或自罚、罚站、罚值日、赶出教室、放学后被留校、随意停课或停止学生参加一切活动、罚学生做超量作业等。其中，变相体罚有时候具有很强的隐蔽性，没有接触被罚人的身体，但以非人道的方式迫使被罚人做出某些行为，使其身体或精神上感到痛苦。任何一种变相体罚都会产生与体罚相同的危害学生身体健康或者损害人格尊严的后果。侮辱学生的人格尊严，通常是指教师在批评学生的过程中，公然贬低、侮辱学生人格或用恐吓、威胁等手段管制学生、压服学生的教师问题行为。具有此类行为特征的教师，其主要表现是：常用刻薄、尖酸的言语嘲讽、刺伤学生，故意侮辱、谩骂学生，用威胁和恐吓的办法管制学生等。

● **典型案例**

黄某虐待被看护人案（《江西高院发布十大未成年人权益保护典型案例》）

被告人黄某系九江市浔阳区某幼儿园教师。2019年5月5日，黄某在教室给班里儿童排练"六一"儿童节舞蹈的时候，因熊某、杨某、陈某三名儿童不认真、不听指挥，遂先后用缝衣针扎了三名儿童手臂、臀部等不同部位，导致熊某左臂出现小伤口、陈某右边屁股出现红肿点。后经家长发现儿童身上伤口并报案，公安民警通知黄某在幼儿园门口等候，5月6日，黄某主动前往幼儿园并同等候在幼儿园的民警一起前往公安机关接受调查。

法院经审理认为，被告人黄某身为幼儿教师，本应对其看护的幼儿进行照料、保护、教育，却违背职业道德和看护职责要求，使用针状物伤害多名幼童,情节恶劣,其行为严重损害了未成年人的身心健康,已构成虐待被看护人罪。依法以虐待被看护人罪判处被告人黄某有期徒刑一年,禁止黄某从事看护教育工作三年。被告人不服,提出上诉,九江市中级人民法院依法作出裁定,驳回上诉,维持原判。

近年来,"幼师虐童"案件时有发生,引起了社会的普遍关注。《刑法修正案(九)》增设了虐待被监护、看护人罪,严厉惩处负有监护、看护职责者虐待所看护、监护对象情节恶劣的行为,进一步强化了对未成年人等弱势群体的立法保护。《刑法修正案(九)》还新增了从业禁止的规定,对于违背职业要求的特定义务、虐待未成年被看护人的犯罪人,可以禁止其在一定期限内从事相关职业,这对于剥夺犯罪能力、有效预防再犯罪具有重要作用。教育是培养年青一代、创造美好生活的根本途径,幼儿园教师背负着社会的良心,守护着民族的未来。本案显示了人民法院维护未成年人合法权益不松懈、惩处侵害未成年人犯罪不手软的立场,拉紧了幼儿园教师等群体从业的法律红线和师德底线,引导社会公众共同为儿童健康成长营造良好环境。

● *相关规定*

《宪法》第38条;《民法典》第109条;《义务教育法》第29条;《教师法》第37条

第二十八条　保障未成年学生受教育权利

学校应当保障未成年学生受教育的权利,不得违反国家规定开除、变相开除未成年学生。

学校应当对尚未完成义务教育的辍学未成年学生进行登记并劝返复学;劝返无效的,应当及时向教育行政部门书面报告。

● **实用问答**

问：学校侵犯未成年人受教育权有哪些情形？

答：学校侵犯未成年人受教育权主要有以下情况：(1) 违反规定乱收费用，拒绝接收交不起费用的学生就学。(2) 擅自提出不合理的入学条件，以学生未满足这些条件为由拒绝其入学。(3) 拒绝接收有正常学习能力的残疾孩子就学。(4) 拒绝接收刑满、解除管教以及专门学校结业，但应继续接受义务教育的少年就学。(5) 对违纪学生处以停课的处罚。(6) 违反法律和国家规定开除学生。

● **相关规定**

《宪法》第46条；《教育法》第9条、第29条、第43条；《义务教育法》第4条；《未成年人保护法》第5条

第二十九条　关爱帮扶、不得歧视

学校应当关心、爱护未成年学生，不得因家庭、身体、心理、学习能力等情况歧视学生。对家庭困难、身心有障碍的学生，应当提供关爱；对行为异常、学习有困难的学生，应当耐心帮助。

学校应当配合政府有关部门建立留守未成年学生、困境未成年学生的信息档案，开展关爱帮扶工作。

● **相关规定**

《义务教育法》第29条；《教师法》第8条

第三十条　社会生活指导、心理健康辅导、青春期教育、生命教育

学校应当根据未成年学生身心发展特点，进行社会生活指导、心理健康辅导、青春期教育和生命教育。

● **典型案例**

石某某强奸、敲诈勒索案（山西省高级人民法院发布《10起典型案例！司法保护未成年人健康成长》）[①]

2018年1月底，被告人石某某通过手机某社交软件认识未成年被害人张某某。二人第一次见面后，石某某提出要与张某某发生性关系并在某酒店内对张某某实施强奸，其间，石某某偷拍了张某某裸照。之后，石某某以裸照相威胁，多次约张某某见面并实施强奸。在此期间，石某某还以将裸照发到张某某所在学校QQ群相威胁，多次向张某某索要钱财，张某某害怕裸照曝光被迫多次向石某某支付钱财。

法院经审理认为，被告人石某某违背妇女意志，多次以暴力、胁迫手段强奸妇女，其行为构成强奸罪；石某某以胁迫的方法多次敲诈张某某财物，其行为构成敲诈勒索罪。依法以强奸罪、敲诈勒索罪数罪并罚，判处石某某有期徒刑六年，并处罚金2000元。

在目前复杂的网络环境下，充斥着各种网络交友软件，未成年人作为社会的特殊群体，其心智尚不成熟，鉴别力较弱，面对网络的诱惑，防范意识差，一旦陷入，很容易受到伤害。本案告诉我们，第一，未成年人自身首先要树立安全防范意识和自我保护意识，提高警惕，远离危险、拒绝侵害。第二，未成年人还要学法、知法、守法，不做侵害别人的事情，同时又要善用法律武器，维护自己的合法权益。第三，未成年人要学会求救和自救，采取灵活机智的自卫策略，树立强烈的自我保护意识，当发现有人意图或正在侵害自己的合法权益时，在确保自己安全的前提下，寻求父母、学校和警察帮助。同

[①] 参见《10起典型案例！司法保护未成年人健康成长》，载山西省高级人民法院网，http://sxgy.shanxify.gov.cn/article/detail/2022/06/id/6718790.shtml，最后访问时间：2025年3月17日。

时，未成年人的监护人，应当关心、爱护自己的孩子，经常与子女沟通交流，了解子女的动态，根据子女身心发展的特点，进行社会生活指导、心理健康辅导和青春期教育，让子女对家长"敞开心扉"。网络时代，要特别提醒未成年人树立正确的交友观，禁用网络社交平台与陌生人交友，不轻信"网友"、不轻易和"网友"见面，洁身自好，须知网络交友要谨慎，鱼龙混杂陷阱多。

第三十一条　加强劳动教育

学校应当组织未成年学生参加与其年龄相适应的日常生活劳动、生产劳动和服务性劳动，帮助未成年学生掌握必要的劳动知识和技能，养成良好的劳动习惯。

● *相关规定*

《教育法》第5条

第三十二条　反对浪费、文明饮食

学校、幼儿园应当开展勤俭节约、反对浪费、珍惜粮食、文明饮食等宣传教育活动，帮助未成年人树立浪费可耻、节约为荣的意识，养成文明健康、绿色环保的生活习惯。

第三十三条　保障未成年学生休息权

学校应当与未成年学生的父母或者其他监护人互相配合，合理安排未成年学生的学习时间，保障其休息、娱乐和体育锻炼的时间。

学校不得占用国家法定节假日、休息日及寒暑假期，组织义务教育阶段的未成年学生集体补课，加重其学习负担。

> 幼儿园、校外培训机构不得对学龄前未成年人进行小学课程教育。

● **实用问答**

问：能否对学龄前未成年人提前进行小学课程教育？

答：根据本条第3款规定，幼儿园、校外培训机构不得对学龄前未成年人进行小学课程教育。近年来，由于应试教育和社会上一些不良宣传的影响，出现了学前教育"小学化"的现象，损害了幼儿的身心健康，危害很大。一是违背幼儿身心发展规律。二是剥夺了幼儿快乐的童年。学前教育阶段的孩子们应当在游戏活动、童话故事中获得知识、健康快乐成长，过早进入小学课程的学习和强化训练，将严重影响他们的身心健康和社会能力的发展。三是将造成厌学的严重后果。学前教育应当遵循科学规律，重点关注孩子健康、语言、社会、科学、艺术等领域的发展，培养孩子良好的行为习惯，而不是过早地对他们进行文化知识教育。

第三十四条 学校、幼儿园的卫生保健职责

> 学校、幼儿园应当提供必要的卫生保健条件，协助卫生健康部门做好在校、在园未成年人的卫生保健工作。

● **相关规定**

《基本医疗卫生与健康促进法》第68条

第三十五条 保障未成年人校园安全

学校、幼儿园应当建立安全管理制度，对未成年人进行安全教育，完善安保设施、配备安保人员，保障未成年人在校、在园期间的人身和财产安全。

学校、幼儿园不得在危及未成年人人身安全、身心健康的校舍和其他设施、场所中进行教育教学活动。

学校、幼儿园安排未成年人参加文化娱乐、社会实践等集体活动，应当保护未成年人的身心健康，防止发生人身伤害事故。

● **条文注释**

本条是关于学校、幼儿园安全管理制度的规定，包含如下五个方面的内容：一是落实安全管理主体责任，建立安全管理制度。学校安全管理工作主要包括：构建学校安全工作保障体系，全面落实安全工作责任制和事故责任追究制，保障学校安全工作规范、有序进行；健全学校安全预警机制，制定突发事件应急预案，完善事故预防措施，及时排除安全隐患，不断提高学校安全工作管理水平；建立校园周边整治协调工作机制，维护校园及周边环境安全；加强安全宣传教育培训，提高师生安全意识和防护能力；事故发生后启动应急预案、对伤亡人员实施救治、对相关人员进行责任追究等。二是对未成年人进行安全教育，健全学校安全教育机制。将提高学生的安全意识和自我防护能力作为素质教育的重要内容，着力提高学校安全教育的针对性与实效性。将安全教育与法治教育有机融合，全面纳入国民教育体系，把尊重生命、保障权利、尊重差异的意识和基本安全常识从小根植在学生心中。三是完善安保设施，建立专兼职结合的学校安保队伍。四是禁止使用危险校舍和设施。学校应当建立健全校舍安全保障长效机制，保证学校的校舍、场地、教学及生活设施等符合安全质量和标准。五是防范集体活动可能导致的人身伤害。学校在日常的教育教学活动中应当遵循教学规范，落实安全管理要求，合理预见、积极防范可能发生的风险。

● *典型案例*

1. 高某某与赵某某、某小学等健康权纠纷案（《天津法院发布保护未成年人合法权益典型案例》）[①]

高某某（10周岁）和赵某某（12周岁）系某小学学生。2019年3月，某小学组织学生开展读书活动，但未指派教职工对活动现场进行管理和秩序维护。活动期间，赵某某帮助同学取书，上到书柜高处拿书时，书砸到后方站着的高某某的右眼部位。事发后，高某某多次就医治疗。经诊断，事故造成高某某右眼钝挫伤，右眼晶体半脱位，右眼瞳孔散大，双眼视力持续下降。2020年，高某某将赵某某及其父母周某、赵某和某小学诉至法院，请求依法判令四被告赔偿原告医疗费、交通费等各项经济损失。

法院生效裁判认为，某小学在组织学生活动期间，疏于管理，未尽到教育、监管职责，应当对高某某受伤的后果承担主要责任；被告赵某某作为限制民事行为能力人，对风险有一定认知能力，其疏忽大意造成高某某眼部受伤，存在一定过错，应当承担相应的责任，因赵某某系限制民事行为能力人，故应由其监护人周某、赵某承担相应的赔偿责任；原告高某某虽为限制民事行为能力人，但对于危险亦应具备一定的认知能力，其自身未尽到安全注意义务，应当自行承担一定

---

① 参见《天津法院发布保护未成年人合法权益典型案例》，载天津法院网，https://tjfy.tjcourt.gov.cn/article/detail/2022/06/id/6729531.shtml，最后访问时间：2025年3月17日。下文同一出处案例不再特别提示。

责任。综上,判决某小学承担70%的责任,赵某某、高某某各承担15%的责任,按照责任比例,某小学赔偿高某某各项损失21462.3元,周某、赵某赔偿高某某各项损失4229.52元。

本案是一起未成年人校园人身损害典型案例。学校是未成年人活动的重要场所,《民法典》第1200条规定:"限制民事行为能力人在学校或者其他教育机构学习、生活期间受到人身损害,学校或者其他教育机构未尽到教育、管理职责的,应当承担侵权责任。"本案中,高某某作为限制民事行为能力人,在参加学校组织的集体活动期间受伤,由于事发当时学校未配备教职人员对活动现场学生进行引导和规范,疏于监管,应当对事故承担主要责任。本案提示幼儿园、学校等教育机构,在组织未成年人活动时应注意做好事前安全教育,完善安全防护措施,必要时应有教职人员在场进行有效管理,尽到安全保障义务,为未成年人提供更加安全的学习和活动环境;父母及其他家庭成员在日常生活中也要加强对未成年人安全意识、自我保护意识的教育和培养,共同为未成年人的健康成长保驾护航。

2. 肖某诉吉安某小学、保险公司教育机构责任纠纷案(《江西高院发布十大未成年人权益保护典型案例》)

为了开展学生劳动教育,吉安某小学组织学生分发午餐,三年级以上班级午餐时安排学生从食堂抬饭至班级。2020年9月30日中午,肖某(2010年5月出生,该校五年级学生)受学校安排从事抬饭劳动,不慎在第二次抬饭中摔倒,致左肱骨髁上骨折。摔伤时,肖某与同学前后共抬饭筐,肖某位于后方,摔伤处位于食堂至教室水泥地面,路面开阔平坦。抬饭工具为30~40cm高的方形塑料筐,左右处设有握把,装有盒饭20余盒,总重量为20余斤。经司法鉴定,肖某确认为九级伤残,自受伤之日起护理期为三个月,营养期为三个月,后续医疗费为2000元。因无法与学校达成协商意见，肖某诉至法院要求学校赔偿各项损失206666.22元。

法院经审理认为，对限制民事行为能力人在学校或者其他教育机构学习、生活期间受到人身损害，学校或者其他教育机构是否应承担责任的评判标准是其是否尽到教育、管理职责。学校安排学生接受与年龄相适应的劳动，是履行教育职能的一部分，但学校在安排学生劳动教育时，也负有科学安排劳动内容、提供合适劳动工具、指导科学劳动方法、合理管理劳动过程等合理安全保障义务。肖某与同学一前一后抬饭，走在后面，负重虽未超出其体能，但后方视线不佳，徒手抬饭筐容易绊脚，存在摔跤等意外风险，吉安某小学在劳动安全教育中，未对此风险科学预估和合理防范，存在过错。肖某年满10周岁，具备一定的风险识别能力，对自身安全应有与其认知相当的注意义务，其未按劳动常识"一左一右"前行，亦存在一定过错。根据《民法典》第1200条规定，认定吉安某小学承担70%赔偿责任，赔偿肖某141768.35元。因学校投保了校方责任险，学校所承担的责任，依法由保险公司在保险责任限额内直接代为赔偿。判决后，保险公司不服，上诉至吉安市中级人民法院，二审法院依法驳回上诉，维持原判。

新的《义务教育劳动课程标准》于2022年秋季学期开始执行，劳动成为义务教育阶段的必修课程。学校结合学生身心发展特点，安排学生从事适度的劳动教育，有益于播撒热爱劳动的种子，培养德智体美劳全面发展的社会主义建设者和接班人。学校组织学生参加劳动等社会实践活动，应当与学生的生理心理特点相适应，加强安全隐患排查，指导科学劳动方法和操作规范，并采取必要的安全防护措施，保障学生的人身安全。鉴于劳动具有一定风险性，学校应尽量购买相应保险，形成风险替代机制，最大限度保障未成年学生权益。本案依法保障了未成年人的合法权利，警示学校在劳动教育过程中加强安全风险防范，避免学生受到身体损害，确保劳动教育有效开展。

3. 方某与李某、某校外活动中心教育机构责任纠纷案（《2022年湖北省高级人民法院少年审判工作新闻发布会典型案例》）①

某校外活动中心采取与第三方联合办班的形式为青少年提供培训服务。李某在该校外活动中心成立舞蹈工作室，从事舞蹈培训。方某（2009年出生）自2016年起在该舞蹈工作室接受培训。某日，方某在参加舞蹈培训做下腰动作时感到身体不适而哭泣，随后在旁休息。下课后方某的母亲接其回家，发现方某出现双腿无法站立症状，经医院诊断为脊髓损伤、截瘫。后经司法鉴定，方某构成一级伤残，双下肢瘫痪伤情主要为外伤造成相应脊髓损伤。事发时该舞蹈工作室以及李某个人均没有办理相关营业证照或行业许可，事发后李某才办理了个体工商户登记。因为未能就赔偿事宜达成一致，方某父母以李某和某校外活动中心未尽到教育、管理的法定义务为由，代表方某提起本案诉讼，请求依法赔偿方某因伤残所致医疗费、残疾赔偿金等各项损失。

法院经审理认为，李某个人在某校外活动中心成立舞蹈工作室对未成年人进行有偿舞蹈培训，方某在舞蹈培训时致使脊髓受伤、双下肢瘫痪，李某并未采取预防和避免损害发生的相应措施，未举证证明尽到了教育、管理的法定义务，对教学过程中出现的损害事故存在过错，应对方某的损害承担赔偿责任。某校外活动中心与李某联合办班，未尽到应有的管理责任，应当对教学过程中出现的事故共同承担赔偿责任。同时，方某的父母作为监护人未尽谨慎义务，对方某的损

---

① 参见《2022年湖北省高级人民法院少年审判工作新闻发布会典型案例》，载湖北省高级人民法院网，http://hubeigy.hbfy.gov.cn/article/detail/2022/06/id/6718522.shtml，最后访问时间：2025年3月17日。下文同一出处案例不再特别提示。

害后果应自行承担一定的民事责任。判决李某对方某承担65%的赔偿责任，某校外活动中心承担25%的赔偿责任。

无民事行为能力人在幼儿园、学校或者其他教育机构学习、生活期间受到人身损害，幼儿园、学校或者其他教育机构应当承担责任，但能够证明尽到教育、管理职责的，不承担责任。本案两被告系从事校外培训的经营者，应当依照上述法律规定履行相应的教育、管理职责。近年来，随着"双减"政策的施行，各类提供专业特长培训的校外培训机构蓬勃发展，无论是提供服务的校外培训机构还是接受服务的家庭，应当更多关注未成年人在校外培训中的健康和安全。校外培训机构应当具备专业培训能力，在培训中对未成年学员给予充分关注和保护。本案也警示家庭应注重甄别，选取合法合规的培训机构，相关监管部门也要加强监管，不断完善未成年人成长、教育环境。

● *相关规定*

《未成年人保护法》第37条、第40条；《教育法》第73条

第三十六条　校车安全管理制度

使用校车的学校、幼儿园应当建立健全校车安全管理制度，配备安全管理人员，定期对校车进行安全检查，对校车驾驶人进行安全教育，并向未成年人讲解校车安全乘坐知识，培养未成年人校车安全事故应急处理技能。

● *相关规定*

《校车安全管理条例》第9~14条；《中小学幼儿园安全管理办法》第51条

第三十七条　突发事件处置

学校、幼儿园应当根据需要，制定应对自然灾害、事故灾难、公共卫生事件等突发事件和意外伤害的预案，配备相应设施并定期进行必要的演练。

未成年人在校内、园内或者本校、本园组织的校外、园外活动中发生人身伤害事故的，学校、幼儿园应当立即救护，妥善处理，及时通知未成年人的父母或者其他监护人，并向有关部门报告。

● **实用问答**

问：什么是学校突发事件？

答：学校突发事件，是指发生在校园内或者学校组织的校外活动中，由人为或自然灾害引起，具有突发性或难以预见，造成或者可能造成师生身体健康严重损害，对校园教学工作和生活秩序以及家庭和社会稳定造成严重影响的突发性事件。诸如意外伤害、火灾、校舍倒塌、重大食物中毒、重大传染性流行性疾病、自然灾害等。

● **相关规定**

《突发事件应对法》第43条；《中小学幼儿园安全管理办法》第24条、第42条；《学生伤害事故处理办法》第16条、第22条

第三十八条　禁止商业行为

学校、幼儿园不得安排未成年人参加商业性活动，不得向未成年人及其父母或者其他监护人推销或者要求其购买指定的商品和服务。

学校、幼儿园不得与校外培训机构合作为未成年人提供有偿课程辅导。

● *相关规定*

《义务教育法》第25条、第56条；《中小学幼儿园安全管理办法》第46条；《严禁中小学校和在职中小学教师有偿补课的规定》

第三十九条　防治学生欺凌

学校应当建立学生欺凌防控工作制度，对教职员工、学生等开展防治学生欺凌的教育和培训。

学校对学生欺凌行为应当立即制止，通知实施欺凌和被欺凌未成年学生的父母或者其他监护人参与欺凌行为的认定和处理；对相关未成年学生及时给予心理辅导、教育和引导；对相关未成年学生的父母或者其他监护人给予必要的家庭教育指导。

对实施欺凌的未成年学生，学校应当根据欺凌行为的性质和程度，依法加强管教。对严重的欺凌行为，学校不得隐瞒，应当及时向公安机关、教育行政部门报告，并配合相关部门依法处理。

● *典型案例*

1. 朱某等寻衅滋事案（最高人民法院发布《保护未成年人权益十大优秀案例》）

被告人朱某等五人均系北京某校在校女生（犯罪时均未满18周岁），2017年2月28日，五名被告人在女生宿舍楼内，采用辱骂、殴打、逼迫下跪等方式侮辱女生高某某（17岁），并无故殴打、辱骂女生张某某（15岁）。经鉴定，二被害人的伤情构成轻微伤，五名被告人的行为还造成被害人高某某无法正常生活、学习的严重后果。

法院经审理认为，被告人朱某等五人随意殴打和辱骂他人，造成二人轻微伤，严重影响他人生活，侵犯公民人身权利，破坏社会秩序，构成寻衅滋事罪，且系共同犯罪。据此，以寻衅滋事罪依法分别判处五名被告人十一个月至一年不等的有期徒刑。

校园欺凌问题关系到未成年人的健康成长,也牵系着每一个家庭的敏感神经,已成为全社会关注的热点问题。本案就是一起典型的校园欺凌行为构成犯罪的案件。本案中,五名被告人的行为已经不仅仅是同学伙伴之间的打闹玩笑,也不仅仅是一般的违反校规校纪的行为,而是触犯刑法应当受到刑罚惩处的犯罪行为。对此类行为,如果仅仅因被告人系未成年人而"大事化小,小事化了",就会纵容犯罪,既不利于被告人今后的健康成长,更不利于保护同是未成年人的被害人。本案裁判法院充分考虑五名被告人主观恶性和行为的社会危害性,对其分别判处相应的实刑,符合罪刑相适应原则,在有效维护了未成年被害人合法权益的同时,也给在校学生上了一堂生动的法治课。本案被中央电视台《新闻1+1》等媒体栏目评论称具有"标本意义",宣判后不久,适逢教育部等十一部门联合印发《加强中小学生欺凌综合治理方案》,对中小学生校园欺凌综合整治起到了积极的推动作用。

2. 汤某某强制侮辱案(《福建法院未成年人权益保护典型案例》)[①]

被告人汤某某与被害人朱某均系某职业大专学生,二人系舍友。同宿舍的付某某因个人纠纷欲教训朱某。嗣后,付某某纠集汤某某等人一同威胁朱某饮酒,趁朱某处于醉酒状态,付某某采用残忍手段对其进行强制侮辱,并由汤某某拍摄视频后发送给其他同学。同校同学收到视频后报警,汤某某在老师的带领下到派出所接受调查,到案后

---

① 参见《福建法院未成年人权益保护典型案例》,载福建法院网,https://fjfy.fjcourt.gov.cn/article/detail/2022/05/id/6713356.shtml,最后访问时间:2025年3月17日。下文同一出处案例不再特别提示。

能如实供述犯罪事实。案发后,经诊断,被害人朱某伴有精神病性症状的重度抑郁发作。另查明,同案人付某某、陈某某未达刑事责任年龄。汤某某另以非法占有为目的,采用虚构事实的方式,骗取他人钱款共计23万余元,数额巨大。

法院经审理,依照《刑法》相关规定,以强制侮辱罪判处被告人汤某某有期徒刑二年六个月;以诈骗罪判处被告人汤某某有期徒刑三年三个月,并处罚金人民币5000元;数罪并罚,决定对被告人汤某某执行有期徒刑五年五个月,并处罚金人民币5000元。宣判后,被告人汤某某、被害人朱某均未上诉,公诉机关亦未抗诉。判决已发生法律效力。

本案是一起典型的校园霸凌犯罪案件。虽然被告人具有自首、从犯情节且自愿认罪认罚,但其参与劝酒、拍摄视频并广泛传播致被害人重度精神抑郁,社会影响恶劣,应依法从严追究其刑事责任。在了解到被害人出现严重心理问题,且缺乏有效的医疗救治资源后,法院积极帮助其联系心理诊疗驿站、精神病专科医院专家,主审法官陪同诊治,并就心理疏导预约难等问题与医院有效沟通解决。结案后长期关爱回访,关心被害人相关民事诉讼情况及心理健康恢复情况,充分彰显司法人文关怀。同时,积极延伸审判职能,向学校及所在区教育局发出司法建议,推动完善校园安防机制、引导学生建立正确价值观、强化法治教育及心理疏导,重视家庭教育和学校教育双结合。

● *相关规定*

《关于防治中小学生欺凌和暴力的指导意见》

第四十条　防治性侵害、性骚扰

学校、幼儿园应当建立预防性侵害、性骚扰未成年人工作制度。对性侵害、性骚扰未成年人等违法犯罪行为，学校、幼儿园不得隐瞒，应当及时向公安机关、教育行政部门报告，并配合相关部门依法处理。

学校、幼儿园应当对未成年人开展适合其年龄的性教育，提高未成年人防范性侵害、性骚扰的自我保护意识和能力。对遭受性侵害、性骚扰的未成年人，学校、幼儿园应当及时采取相关的保护措施。

● *典型案例*

1. **王某乙强奸案**（最高人民法院公布《未成年人司法保护典型案例》）

2016年4月至2017年7月期间，被告人王某乙专门以年龄幼小的在校女学生为侵害对象，本人或教唆同案被告人雷甲、陈乙、崔丙、宋丁（均已判刑）等未成年在校学生，以介绍男女朋友为幌子，或者采取暴力、胁迫、酒精麻醉、金钱引诱等手段，将多名未成年在校女学生带至酒店、KTV、王某乙驾驶的轿车上或野外荒地等处实施强奸。截至案发，王某乙共对15名未成年在校女学生（其中8人系幼女）实施强奸犯罪17次，其中12次既遂、3次未遂、2次中止，多名被害人因遭受强奸而被迫辍学或转学。

人民法院经审理认为，被告人王某乙犯罪动机卑劣，为满足畸形心理，在一年零三个月内，专门以年龄幼小的在校女学生为侵害对象，教唆未成年人予以协助，连续对15名未成年被害人实施强奸，其中8名被害人系幼女，造成多名被害人被迫辍学或转学，犯罪情节恶劣，社会危害极大，罪行极其严重。人民法院依法对王某乙以强奸罪判处并核准执行死刑。

强奸未成年人犯罪严重损害未成年人身心健康，给未成年人的人生蒙上阴影，使未成年人父母及家庭背负沉重精神负担，并严重践踏社会伦理道德底线，社会影响恶劣。人民法院对强奸未成年人特别是奸淫幼女犯罪历来坚持依法从严惩治的立场，对强奸未成年人特别是幼女人数、次数特别多，手段、情节特别恶劣，或者造成的后果特别严重，主观恶性极深，罪行极其严重的，坚决依法从严从重判处，直至判处死刑。本案中，被告人王某乙教唆、利用其他未成年人协助对未成年在校女学生实施强奸，强奸人数、次数特别多，犯罪动机卑劣，主观恶性极深，罪行极其严重，人民法院依法对其判处死刑。

2. 邹某某猥亵儿童案（最高人民法院公布《未成年人司法保护典型案例》）

被告人邹某某与被害人黄某甲、黄某乙的母亲徐某为同乡，2015年双方结识后常有往来。2017年暑假期间，邹某某将黄某甲（男，时年5岁）带至其居住的房屋，播放淫秽视频给黄某甲观看，并对黄某甲的生殖器实施猥亵。后邹某某趁受徐某所托照看黄某甲、黄某乙（男，时年7岁）的机会，对两名被害人生殖器实施猥亵，并播放淫秽视频给两人一同观看。此后至2019年，邹某某多次采取上述类似方式分别或者同时对黄某甲、黄某乙实施猥亵。2019年2月1日，被害人母亲发现被害人表现异常后报警，邹某某被抓获归案。公安机关从邹某某使用的手机中查获多张黄某甲、黄某乙裸体照片和多名身份不明男童生殖器照片以及大量淫秽视频。

人民法院经审理认为，邹某某利用与被害人家庭熟悉的机会或受委托照看儿童的机会，长期对两名不满10周岁的幼童实施猥亵，其行为已构成猥亵儿童罪，且手段恶劣，并导致两名被害人受到严重心理创伤，属于猥亵儿童"情节恶劣"，应予以严惩。人民法院依法对邹某某以猥亵儿童罪判处有期徒刑十年。

近年来，女童遭受奸淫、猥亵的案件受到社会广泛关注，但现实生活中，男童也可能受到不法性侵害，也会给男童造成严重心理创伤。本案中，被告人利用被害人家长的信任和疏于防范，长期猥亵两名年幼男童，性质、情节恶劣，后果严重。值得注意的是，本案及审理均发生在《刑法修正案（十一）》颁布施行前，人民法院在案件审理过程中，根据被告人实施猥亵的手段、性质、情节及造成的后果，依法适用《刑法》第237条原第2款、第3款规定的猥亵"有其他恶劣情节"，对被告人在五年以上有期徒刑幅度内从重判处，于法有据，罪刑相当，而且与《刑法修正案（十一）》明确列举猥亵"情节恶劣"的情形，依法加大惩治力度的立法精神也完全契合，实现了法律效果与社会效果的统一。

3. 被告人张某某强奸案（最高人民法院发布《未成年人权益司法保护典型案例》）[①]

2013年至2019年，被告人张某某在担任某省某小学教师期间，利用教师身份，先后将多名女学生（均系幼女）带至宿舍内实施奸淫。

法院经审理认为，被告人张某某利用教师身份奸淫未成年女学生，奸淫人数多，时间跨度长，罪行极其严重，情节特别恶劣，社会危害性极大，应依法严惩。依法以强奸罪判处张某某死刑。2022年1月，最高人民法院核准死刑，现已执行。

---

① 参见《未成年人权益司法保护典型案例》，载最高人民法院网站，https://www.court.gov.cn/zixun-xiangqing-347931.html，最后访问时间：2025年3月17日。下文同一出处案例不再特别提示。

被告人张某某身为人民教师，本应为人师表，却利用教师身份，多年持续奸淫多名在校未成年女生，致使被害女生的纯真童年蒙上阴影，对她们身心健康造成严重伤害，严重践踏了社会伦理道德底线，性质极其恶劣，罪行极其严重，应依法惩处。人民法院历来对侵害未成年人犯罪案件坚持"零容忍"态度，尤其是对那些利用自己的特殊身份或者便利条件性侵未成年人的犯罪，坚决依法从严从重惩处，该判处死刑的坚决判处死刑，绝不姑息。本案的判决结果，充分体现了人民法院对性侵未成年人犯罪依法严厉惩治的鲜明态度，彰显了人民法院维护未成年人合法权益的坚定决心。

4. 李某顺强奸、猥亵儿童案（《最高法 28 日发布惩治性侵害未成年人犯罪典型案例》）[①]

2011 年上半年至 2012 年 6 月 4 日，被告人李某顺在甘肃省武山县某村小学任教期间，利用在校学生年幼无知、胆小害羞的弱点，先后将被害人王某甲、潘某甲、康甲、康某乙、康丙、杨甲、杨某乙、王某乙、康某丁、刘某甲、杨丙、康某戊、杨丁、李某甲、康某己、刘某乙、杨戊、康某庚、魏某甲、李某乙、李某丙骗至宿舍、教室、村外树林等处奸淫、猥亵，将被害人杨己、潘某乙、杨庚、杨某辛、杨某壬骗至宿舍、教室等处猥亵。李某顺还多次对同一名被害人或同时对多名被害人实施奸淫、猥亵。上述 26 名被害人均系 4 周岁至 11 周岁的幼女。

甘肃省天水市人民检察院以被告人李某顺犯强奸罪、猥亵儿童罪提起公诉。天水市中级人民法院经审理认为，李某顺利用教师身份，

[①] 参见《最高法 28 日发布惩治性侵害未成年人犯罪典型案例》，载最高人民法院网站，https://www.court.gov.cn/zixun-xiangqing-14596.html，最后访问时间：2025 年 3 月 17 日。下文同一出处案例不再特别提示。

在教室及其宿舍等处长期对20余名未满14周岁的幼女多次实施奸淫、猥亵，其行为已构成强奸罪、猥亵儿童罪，应依法予以并罚。李某顺犯罪情节极其恶劣，社会危害极大，应予严惩。依照《刑法》第236条，第237条第1款、第3款，第57条第1款，第69条的规定，对李某顺以强奸罪判处死刑，剥夺政治权利终身；以猥亵儿童罪判处有期徒刑五年，决定执行死刑，剥夺政治权利终身。

宣判后，被告人李某顺提出上诉。甘肃省高级人民法院经依法开庭审理，裁定驳回上诉，维持原判，并依法报请最高人民法院核准。最高人民法院经复核认为，李某顺利用教师特殊身份，对20余名不满12周岁的幼女多次实施奸淫、猥亵，犯罪性质和情节极其恶劣，社会危害极大，罪行极其严重，依法核准李某顺死刑。罪犯李某顺已被执行死刑。

本案被告人李某顺作为人民教师，对案件中的被害人负有教育、保护的特殊职责，但其利用教师身份，多次强奸、猥亵多名幼女，其犯罪更为隐蔽，被害人更加难以抗拒和揭露其犯罪；本案被害人年龄介于4周岁至11周岁之间，均为就读于小学或学前班的学生，李某顺利用被害人年幼、无知、胆小的弱点，采取哄骗的手段在校园内外实施犯罪，严重摧残幼女的身心健康，社会影响极为恶劣；在被侵害的幼女中，有多名农村留守儿童，作为弱势人群，更易受犯罪侵害，李某顺针对她们实施犯罪，后果更加严重；李某顺在一年多时间内，多次强奸、猥亵幼女，人数多达26名，犯罪情节特别恶劣。《关于依法惩治性侵害未成年人犯罪的意见》①（以下简称《性侵意见》）第25条规定："针对未成年人实施强奸、猥亵犯罪的，应当从重处罚，具有下列情形之一的，更要依法从严惩处：（1）对未成年人负有特殊

---

① 该文件已失效，下文不再提示。

职责的人员……实施强奸、猥亵犯罪的……（4）对不满十二周岁的儿童、农村留守儿童、严重残疾或者精神智力发育迟滞的未成年人，实施强奸、猥亵犯罪的；（5）猥亵多名未成年人，或者多次实施强奸、猥亵犯罪的……"李某顺作为对未成年人负有特殊职责的人员、针对多名不满12周岁的儿童、农村留守儿童多次实施强奸、猥亵犯罪，符合《性侵意见》第25条中第1项、第4项、第5项的情形，应依法从重处罚。人民法院对李某顺依法判处死刑，是适当的。

5. 董某强奸案（《最高法28日发布惩治性侵害未成年人犯罪典型案例》）

2013年5月23日零时许，被告人董某与郭某某（另案处理）翻墙进入河北省泊头市某中学西校区，跳窗进入女生宿舍。董某采用掐脖子、扇耳光、言语威胁等暴力、胁迫手段，先后脱去被害人张某某、赵某某、田某某、王某甲、胡某某、王某乙六名女生的衣服，强行实施奸淫，其中，除对王某甲强奸未遂外，对其他五名被害人强奸既遂。六名被害人中，王某甲刚满14周岁，其他五名被害人均未满14周岁。

河北省沧州市人民检察院以被告人董某犯强奸罪提起公诉。沧州市中级人民法院经审理认为，董某奸淫多名幼女，以及违背妇女意志，采用暴力、胁迫手段强行奸淫被害人王某甲的行为已构成强奸罪。公诉机关指控的罪名成立。被害人张某某、赵某某、田某某、胡某某、王某乙均不满14周岁，董某连续对上述五名幼女实施奸淫，应从重处罚。但董某对被害人王某甲强奸未遂，可比照既遂犯从轻处罚。依照《刑法》第236条第1款、第2款、第3款第2项，第23条，第57条第1款的规定，对被告人董某以强奸罪判处死刑，缓期二年执行，剥夺政治权利终身。宣判后，在法定期限内没有上诉、抗诉。经河北省高级人民法院依法复核，同意核准原审判决。

本案是针对在校女生实施的强奸犯罪，案发地点特殊，发生在学校女生宿舍内。被告人董某采取翻墙、爬窗等手段进入女生宿舍后，连续作案，对六名未成年少女实施奸淫，犯罪情节特别恶劣，后果十分严重，严重影响学生人身安全。依照《刑法》规定，强奸妇女、奸淫幼女多人的，处十年以上有期徒刑、无期徒刑或者死刑。《关于依法惩治性侵害未成年人犯罪的意见》第25条规定："针对未成年人实施强奸、猥亵犯罪的，应当从重处罚，具有下列情形之一的，更要依法从严惩处：……（2）进入未成年人住所、学生集体宿舍实施强奸、猥亵犯罪的……"综合考虑本案犯罪性质、情节及后果，沧州市中级人民法院对董某判处死刑，缓期二年执行，剥夺政治权利终身。值得注意的是，案发当晚，本案被害人所在宿舍有十几名女生，没有一人在犯罪过程中进行呼救或反抗。其间，值班老师查房时，也没有学生向老师呼救，导致未能及时发现、阻止被告人的犯罪行为。究其原因，与被害人均尚年幼、自我保护意识十分薄弱有一定关系。由此警示未成年人的家长和学校应该加大对未成年人自我保护意识的教育力度，加强学校安全设施、安全监管措施建设，避免类似悲剧发生。

6. 魏某志猥亵儿童案（《最高法28日发布惩治性侵害未成年人犯罪典型案例》）

自2009年初，被告人魏某志在北京市丰台区某公园的小树林、暂住处等地，多次以给付零用钱等手段，采取抚摸、让被害人吸吮其生殖器等方式对王某某（男，13岁）进行猥亵。至2013年12月，魏某志在其暂住处、丰台区某小池塘旁边等地，采取上述方式对被害人张某（男，11岁）、谢某某（男，12岁）、尹某某（男，11岁）、何某（男，11岁）、邹某（男，13岁）、袁某某（男，12岁）6名男童多次进行猥亵。

北京市丰台区人民检察院以被告人魏某志犯猥亵儿童罪提起公诉。丰台区人民法院经审理认为，魏某志多次猥亵多名儿童，侵犯了儿童的身心健康，其行为已构成猥亵儿童罪，依法应予从重处罚。公诉机关指控的罪名成立。虽然魏某志能如实供述犯罪事实，但其长时间多次猥亵多名儿童，其中多人不满12周岁，严重损害了儿童的身心健康，依法应从严惩处，鉴于其犯罪情节和社会危害后果，对其不予从轻处罚。依照《刑法》第237条第1款、第3款，第61条的规定，以猥亵儿童罪判处魏某志有期徒刑五年。宣判后，在法定期限内没有上诉、抗诉。判决已经发生法律效力。

本案是一起发生在社区的猥亵男童的典型案件。对于猥亵儿童犯罪，依照刑法规定，一般应当在五年以下有期徒刑或者拘役的法定刑幅度内从重处罚。为细化从重从严处罚的情形，体现对未成年人特殊保护的刑事政策，《关于依法惩治性侵害未成年人犯罪的意见》规定，针对不满12周岁儿童实施猥亵的，猥亵多名未成年人，或者多次实施猥亵犯罪的，应当在从重处罚的基础上更加体现从严。本案中，被告人魏某志在长达5年的时间里，采取小恩小惠等手段进行引诱、哄骗，对7名男童多次实施猥亵，其中3名被害人不满12周岁，严重侵害了儿童的身心健康，故法院依法从严惩处，在法定刑幅度内对其顶格判处有期徒刑五年。在本案审理过程中，被告人魏某志及其辩护人提出，魏某志因个人特殊的生活经历，对成人有戒备心理，系恋童癖患者，其因心理疾病才实施猥亵。法院考虑到魏某志在犯罪后确有认罪、悔罪表现，为了帮助其打开心结，避免更多的儿童受到伤害，在庭审后专门邀请心理专家对其进行了心理疏导。在心理专家的耐心帮助下，魏某志开始正视自身的问题，表示服刑期间将按照心理专家教授的方法,进行心理矫治调适。本案的发生,除了被告人方面的原因外,被害人属于未成年人,防范意识差,家长对孩子的安全教育严重缺乏也是一个很重要的原因。为了提醒广大家长做好孩子的安全保护教育,预防和减少此类案件的发生,本案承办法官向广大家长发送了《致家长的一封信》,结合猥亵儿童案件的特点,有针对性地向家长提出了建议,并且由多家媒体对本案及由此展开的一系列延伸活动进行了报道,取得了较好的普法宣传效果。

7. 李某新猥亵儿童案(《最高法 28 日发布惩治性侵害未成年人犯罪典型案例》)

自 2011 年 8 月起,被告人李某新乘其妻张某某外出之机,多次在其位于广东省广州市花都区的住宅中,使用威胁、诱骗等手段,采取手摸乳房、阴部等方式,对继女何某某(被害人,时年 10 岁)进行猥亵。2013 年 5 月 17 日,公安人员在李某新家中将其抓获。

广东省广州市花都区人民检察院以猥亵儿童罪对被告人李某新提起公诉。花都区人民法院经审理认为,李某新采取威胁、诱骗手段,多次猥亵儿童,其行为已构成猥亵儿童罪,依法应当对其适用五年以下有期徒刑或者拘役的量刑幅度予以处罚。结合李某新犯罪的具体情节、危害后果以及认罪态度,依照《刑法》第 237 条第 1 款、第 3 款之规定,对李某新以猥亵儿童罪判处有期徒刑三年。宣判后,在法定期限内没有上诉、抗诉。判决已经发生法律效力。

本案是一起继父猥亵未成年继女的典型案件。未成年人处于生理发育和心理发展的特殊时期,辨别是非和自我保护能力差,在受到不法侵害时通常不知或不敢反抗,易成为性侵害的对象。特别是与未成年人有共同家庭生活关系的人员,因具有接触未成年人的便利条件,且在物质、生活条件等方面相对未成年人处于优势地位甚至支配关系，实施性侵害犯罪更为隐蔽，持续时间通常更长，未成年被害人更难以抗拒和向有关部门揭露，社会危害更大。因此，《关于依法惩治性侵害未成年人犯罪的意见》第25条中规定，与未成年人有共同家庭生活关系的人员实施强奸、猥亵犯罪的，要依法从严惩处。本案中，被告人李某新与何某某的母亲张某某登记结婚，与何某某形成共同家庭生活关系，其不仅不履行应尽的保护职责，还对年仅10岁的继女实施猥亵，为法律所不容，亦严重违背人伦道德。鉴于李某新归案后能主动认罪、悔罪，法院依法判处其有期徒刑三年。

8. 刘某芳等介绍卖淫案（《最高法28日发布惩治性侵害未成年人犯罪典型案例》)

2012年暑假期间至2013年4月底，被告人刘某芳、杜某权、叶某、徐某某、刘某、秦某某、王某、陆某八人，单独或交叉结伙，通过电话与嫖娼人约定之后，先后多次将周某、朱某、徐某、王某甲、沈某、陈某、陆某乙、黄某、庄某、李某、卢某十一人（除卢某外，其他被介绍人均未成年，周某、朱某未满14周岁）带至浙江省安吉县递铺镇、梅溪镇的多家酒店、宾馆或嫖娼人的住处等场所，介绍卖淫，从中牟取非法利益。其中，刘某芳介绍卖淫8次，叶某介绍卖淫10次，徐某某介绍卖淫8次，刘某介绍卖淫8次，杜某权介绍卖淫4次，秦某某介绍卖淫2次，陆某介绍卖淫1次，王某介绍卖淫1次。

浙江省安吉县人民检察院以被告人刘某芳、杜某权、叶某、徐某某、刘某、秦某某、王某、陆某犯介绍卖淫罪提起公诉。安吉县人民法院经审理认为，八名被告人的行为均已构成介绍卖淫罪，其中刘某芳、杜某权、叶某、徐某某、刘某多次介绍他人卖淫，且介绍未成年人卖淫,情节严重。鉴于杜某权有介绍卖淫的犯罪前科,酌情从重处罚;叶某、徐某某、刘某、秦某某、王某、陆某系未成年人,依法从轻或减轻处罚;刘某芳、杜某权、叶某、徐某某、刘某、秦某某、王某、陆某均自愿认罪,酌情从轻处罚。依照《刑法》第359条第1款,第25条第1款,第17条第1款、第3款,第72条第1款、第3款,第73条,第52条,第53条之规定,以介绍卖淫罪对刘某芳、杜某权分别判处有期徒刑六年,并处罚金人民币1万元;对叶某判处有期徒刑三年,缓刑四年,并处罚金人民币8000元;对徐某某、刘某分别判处有期徒刑三年,缓刑三年六个月,并处罚金人民币8000元;对秦某某判处拘役六个月,缓刑十个月,并处罚金人民币5000元;对王某、陆某分别判处拘役三个月,缓刑六个月,并处罚金人民币3000元。宣判后,被告人杜某权提出上诉。湖州市中级人民法院经依法审理,裁定驳回上诉,维持原判。判决已经发生法律效力。

本案是一起介绍在校学生卖淫的典型案件,在当地造成了一定的社会影响。八名被告人中,除刘某芳、杜某权已成年外,其他六名被告人均系未成年人。所介绍的十一名卖淫者多为未成年在校女生,部分被介绍卖淫者属于未满14周岁的幼女。对于被介绍卖淫者的年龄,各被告人是知道或者应当知道的。依照刑法规定,介绍卖淫情节严重的,处五年以上有期徒刑,并处罚金。介绍未成年人卖淫,更易腐蚀其心灵,损害其身心发育,社会危害相对更大,构成犯罪的,根据《关于依法惩治性侵害未成年人犯罪的意见》第26条规定应当从重处罚。安吉县人民法院对刘某芳、杜某权、叶某、徐某某、刘某五名具有多次介绍他人卖淫、介绍未成年人卖淫等犯罪情节的被告人,认定为"介绍卖淫情节严重",并对其中两名已经成年且犯罪情节最为严重的刘某芳、杜某权,分别判处有期徒刑六年,并处罚金人民币1万元，较好地体现了从严惩处性侵害未成年人犯罪的刑事政策。因本案涉及六名未成年被告人犯罪，在审理过程中，安吉县人民法院充分考虑了以下方面：一是依法通知法律援助中心为未成年被告人指定辩护人，并且通知法定代理人到庭，听取意见，开庭时不公开审理，以保护未成年人的合法权益。二是量刑时，注意贯彻惩罚与教育相结合的原则，对六名未成年被告人依法宣告缓刑，并在宣判的同时对其进行批评教育，依法告知缓刑考验期内应遵守的规定，以利于被告人改过自新。近年来，类似本案介绍在校学生卖淫的案件在多地均有发生。对于这类案件，除了强调司法机关依法惩处介绍卖淫者外，广大家长和学校也应加强对未成年人的教育、管理，使涉世未深的孩子形成正确的价值观和金钱观，自觉抵制享乐思想的侵蚀，自尊自爱，谨慎交友，切勿为了追求奢靡生活而放纵自己，甚至不惜违法犯罪。只有把教育和预防工作做在前面，才能真正保护未成年人健康成长。

● *相关规定*

《刑法》第236~237条；《民法典》第191条、第1010条；《妇女权益保障法》第24条；《国务院办公厅关于加强中小学幼儿园安全风险防控体系建设的意见》；《最高人民法院、最高人民检察院、公安部、司法部关于办理性侵害未成年人刑事案件的意见》；《最高人民法院、最高人民检察院关于办理强奸、猥亵未成年人刑事案件适用法律若干问题的解释》

第四十一条 参照适用规定

婴幼儿照护服务机构、早期教育服务机构、校外培训机构、校外托管机构等应当参照本章有关规定，根据不同年龄阶段未成年人的成长特点和规律，做好未成年人保护工作。

● **典型案例**

1. 原告周某诉被告张某、第三人张某某健康权纠纷案（《最高人民法院发布依法严惩侵害未成年人权益典型案例》）[①]

第三人张某某未经行政机关许可、备案，在自住房内开办课外辅导班。被告张某在未取得相关资质的情况下，招收了原告周某等六名儿童，在张某某的培训场地开办中国舞培训班。2018年6月，周某练习下腰动作时，张某指示周某应加大下腰动作幅度，但未指导其适度动作，未予扶托保护，导致周某摔倒。周某回家当晚，发现有下肢肌力改变等症状，经多家医院住院治疗，后其伤情鉴定为三级伤残。周某遂提起诉讼，要求判令张某承担主要责任，张某某承担次要责任。

法院经审理认为，被告张某未取得相关资格证书，不具备儿童舞蹈教学的资格和能力，在培训教学中，未根据未成年人的生理特点合理安排练习和休息，在原告周某已连续多次下腰练习后指示周某加大动作幅度，且未予扶托保护，导致周某受到严重身体伤害。张某对周某受伤应承担主要过错责任。第三人张某某未经主管机构批准、备案开办校外培训机构，未对张某是否具备舞蹈教学的能力和资质进行审查和监督，对周某受伤应承担次要责任。判决被告张某赔偿原告周某各项损失948168.26元；第三人张某某赔偿原告周某各项损失222542元。

近年来，校外教育培训市场繁荣，一定程度上为未成年人的全面发展提供了更多的选择。但由于监管机制和安全保障工作的不完善，未成年人在培训机构受到损害的事件屡见不鲜。培训机构及其从业人员因未履行安全保障义务导致未成年人受到伤害的，应当依法承担侵

[①] 参见《最高人民法院发布依法严惩侵害未成年人权益典型案例》，载最高人民法院网站，http://www.court.gov.cn/zixun-xiangqing-229981.html，最后访问时间：2025年3月17日。下同一出处案例不再特别提示。

权责任。本案也警示广大家长，在选择校外培训机构时，应认真审查培训机构的办学许可、备案登记情况，对培训机构的安全保障机制、培训人员的从业资质要尽可能有所了解，确保孩子在合法、规范、安全的培训机构接受教育。有关主管部门应当切实强化对校外培训机构的日常监管，对未经许可擅自开办的培训机构要及时取缔，对未履行从业人员资质审查、培训场所安全保障等义务的培训机构要依法惩处。

2. 刘某某、白某与某母婴护理公司侵权责任纠纷案（《天津法院发布保护未成年人合法权益典型案例》）

白某与某母婴护理公司签订服务合同为其及新生儿刘某某提供月子期间母婴护理，服务天数28天，总费用29741元。白某与刘某某于2021年1月30日入住被告某母婴护理公司处。2021年2月4日，刘某某胸部红肿伴随发烧，经诊断为"新生儿败血症、右胸部皮肤软组织感染、颅内感染黄疸"，并住院治疗。白某认为刘某某病症系因该母婴护理公司护理师洗澡、抚触等行为直接接触刘某某皮肤以及护理师患有咽炎反复咳嗽导致，遂起诉该公司要求赔偿医疗费、营养费、交通费等经济损失。

法院生效裁判认为，白某与某母婴护理公司的服务合同既包括对产妇进行产后护理，也包括对新生儿的护理，新生儿的健康状况很大程度上依赖于看护者的看护能力和看护质量。针对此类具有特殊依赖性的服务对象，除了合同约定的义务外，提供服务一方还应尽到更加妥善的注意义务和更高标准的安全保障义务。医院对刘某某的诊断结论可以表明刘某某在某母婴护理公司接受服务期间，大概率存在被环境感染的因素，可以认定该公司存在一定过错且未尽到足够的注意义务，应承担相应的侵权责任。故根据案件具体情况、因果关系盖然性、侵权人注意程度及公平原则，酌定某母婴护理公司对刘某某医疗费、住院期间伙食费用（奶粉费用）、交通费承担70%的赔偿责任。

　　本案是人民法院依法审理涉母婴服务机构侵权纠纷，维护新生儿健康权的典型案例。伴随国家鼓励生育政策的出台，近年来，月子中心、月子会所等母婴健康服务行业迎来迅猛发展，但相关行业自律规范尚不健全，母婴照护专业水平参差不齐，因照护不当导致新生儿或产妇健康权受损的事件时有发生。母婴护理服务行业专业性较强，服务主体应在严格履行服务合同约定义务的同时，尽到更高标准的注意义务和安全保障义务。该案的裁判对于督促母婴护理服务机构审慎提供服务，严格履行"善良管理人"责任，保障新生儿健康权利具有重大意义。

第四章　社会保护

第四十二条　社会保护的基本内容

　　全社会应当树立关心、爱护未成年人的良好风尚。

　　国家鼓励、支持和引导人民团体、企业事业单位、社会组织以及其他组织和个人，开展有利于未成年人健康成长的社会活动和服务。

● **相关规定**

《预防未成年人犯罪法》第4条

第四十三条　居民委员会、村民委员会工作职责

　　居民委员会、村民委员会应当设置专人专岗负责未成年人保护工作，协助政府有关部门宣传未成年人保护方面的法律法规，指导、帮助和监督未成年人的父母或者其他监护人依法履行

监护职责，建立留守未成年人、困境未成年人的信息档案并给予关爱帮扶。

居民委员会、村民委员会应当协助政府有关部门监督未成年人委托照护情况，发现被委托人缺乏照护能力、怠于履行照护职责等情况，应当及时向政府有关部门报告，并告知未成年人的父母或者其他监护人，帮助、督促被委托人履行照护职责。

● **实用问答**

问：居民委员会、村民委员会在未成年人保护方面的日常工作包括哪些？

答：居民委员会、村民委员会在未成年人保护方面主要开展以下工作：（1）负责做好农村留守儿童关爱保护和困境儿童保障日常工作，定期向村（居）民委员会和儿童督导员报告工作情况。（2）负责组织开展信息排查，并定期予以更新。（3）负责指导监护人和受委托监护人签订委托监护确认书，加强对监护人（受委托监护人）的法治宣传、监护督导和指导，督促监护人依法履行抚养义务和监护职责。（4）负责定期随访监护情况较差、失学辍学、无户籍以及患病、残疾等重点儿童。（5）负责及时向公安机关及其派出机构报告儿童处于风险状态或者受到不法侵害等情况，并协助为儿童本人及其家庭提供有关支持。（6）负责管理村（居）民委员会儿童关爱服务场所，支持配合相关部门和社会力量开展关爱服务活动。

● **相关规定**

《民法典》第 27 条、第 36 条；《反家庭暴力法》第 14 条

第四十四条　公用场馆的优惠政策

爱国主义教育基地、图书馆、青少年宫、儿童活动中心、儿童之家应当对未成年人免费开放；博物馆、纪念馆、科技馆、展览馆、美术馆、文化馆、社区公益性互联网上网服务场所以及影剧院、体育场馆、动物园、植物园、公园等场所，应当按照有关规定对未成年人免费或者优惠开放。

国家鼓励爱国主义教育基地、博物馆、科技馆、美术馆等公共场馆开设未成年人专场，为未成年人提供有针对性的服务。

国家鼓励国家机关、企业事业单位、部队等开发自身教育资源，设立未成年人开放日，为未成年人主题教育、社会实践、职业体验等提供支持。

国家鼓励科研机构和科技类社会组织对未成年人开展科学普及活动。

● 相关规定

《旅游法》第11条；《博物馆条例》第33条

第四十五条　未成年人免费或者优惠乘坐交通工具

城市公共交通以及公路、铁路、水路、航空客运等应当按照有关规定对未成年人实施免费或者优惠票价。

第四十六条　母婴设施的配备

国家鼓励大型公共场所、公共交通工具、旅游景区景点等设置母婴室、婴儿护理台以及方便幼儿使用的坐便器、洗手台等卫生设施，为未成年人提供便利。

● **条文注释**

本条规定的"大型公共场所"主要是指公众进行公开活动的机场、车站、码头、商场等。"公共交通工具"包括飞机、火车、轮船、客车、公交、地铁等。

第四十七条　不得限制针对未成年人的照顾或者优惠

任何组织或者个人不得违反有关规定，限制未成年人应当享有的照顾或者优惠。

第四十八条　鼓励有利于未成年人健康成长的创作

国家鼓励创作、出版、制作和传播有利于未成年人健康成长的图书、报刊、电影、广播电视节目、舞台艺术作品、音像制品、电子出版物和网络信息等。

● **相关规定**

《未成年人节目管理规定》第8条

第四十九条　新闻媒体的责任

新闻媒体应当加强未成年人保护方面的宣传，对侵犯未成年人合法权益的行为进行舆论监督。新闻媒体采访报道涉及未成年人事件应当客观、审慎和适度，不得侵犯未成年人的名誉、隐私和其他合法权益。

● *典型案例*

付某某诉某网络公司、某教育中心名誉权、隐私权纠纷案（最高人民法院发布《利用互联网侵害未成年人权益的典型案例》）[①]

2014年2月至6月，路透社经与某教育中心联系，某教育中心口头同意路透社前往该中心进行采访。路透社与某网络公司签订协议，某网络公司于2014年7月1日至2015年6月30日期间可转载其文件。2014年7月7日，某网络公司旗下的某网站刊出一组《探访北京戒网瘾学校》相关内容的照片和文章，相关网页第一张照片为付某某正面全身照，该图片为付某某坐在汽车后排座中间，左右各有一名成年人。付某某头微微低下，目光朝下，但图片没有打马赛克或者做其他模糊处理。该图片配有说明："北京某教育中心是一所戒网瘾学校，学校通过军事化管理帮助青少年戒除网瘾。目前，类似这样的戒网瘾学校在中国已经多达250所。为了帮助孩子戒除网瘾，很多父母将孩子送到戒网瘾学校，让他们接受心理测验和军事化训练。"另，付某某全身照还出现在第二十一张照片中，该图片中付某某身穿便装，在沙发上与另外两名身着迷彩服的同龄女生交谈。付某某手托下巴，头朝向另外两名女生。该照片配有说明："5月22日，北京某教育中心，一名刚到中心的女孩子正与其他学生交谈，在父母的要求下，这名女孩到这里戒网瘾。"

人民法院经审理后认为，网络服务提供者在刊载网络信息时，应特别注意对未成年人个人隐私和个人信息的保护。某网络公司旗下的某网站作为网络服务提供者，转载《探访北京戒网瘾学校》相关内容的照片和文章中，未经法定代理人同意使用未成年人付某某的正面全

[①] 参见《利用互联网侵害未成年人权益的典型案例》，载最高人民法院网站，http://www.court.gov.cn/zixun-xiangqing-99432.html，最后访问时间：2025年3月17日。下文同一出处案例不再特别提示。

身照且未对其面部图像进行模糊处理。两张照片均可清晰地辨认出是付某某本人，并配有"一名上网成瘾的女孩"和"这名女孩到这里戒网瘾"等文字，侵犯了未成年人的隐私权。因某网络公司在国内的影响力较大，该组照片和文章被大量点击和转载，造成了付某某名誉权受到侵害的事实。依据民法有关规定，判决某网络公司在其某网站上发布向付某某赔礼道歉声明，赔偿付某某精神损害抚慰金1万元、公证费2500元、律师费3万元。

  本案中，某网络公司转载的是其他新闻从业机构的新闻成果，并非亲自采访所得，此时新闻转载者也要对新闻内容进行合理审查，确保其真实性。某网络公司虽与路透社签订有转载新闻的协议，具有合法转载路透社新闻的权利，但这不能免除其对新闻内容进行合理审查的义务。某网络公司没有尽到善良管理人必要的注意审查义务，所转载的新闻存在基本事实错误，同时还将未成年人个人隐私予以公开，不仅侵害了未成年人的名誉权，也侵害了其隐私权，给未成年人成长带来不利影响。本案警示：新闻自由并非毫无边界，网络服务提供者在转载新闻时，应承担法律规定的审慎义务，特别是在关涉未成年人或重大敏感事件时要更加慎重，不能侵害他人的合法权益。

● **相关规定**

  《关于进一步加强对网上未成年人犯罪和欺凌事件报道管理的通知》

第五十条　禁止危害未成年人身心健康的内容

  禁止制作、复制、出版、发布、传播含有宣扬淫秽、色情、暴力、邪教、迷信、赌博、引诱自杀、恐怖主义、分裂主义、极端主义等危害未成年人身心健康内容的图书、报刊、电影、广播电视节目、舞台艺术作品、音像制品、电子出版物和网络信息等。

● **相关规定**

《电影产业促进法》第16条;《出版管理条例》第26条;《音像制品管理条例》第3条;《互联网信息服务管理办法》第15条;《网络出版服务管理规定》第25条;《网络信息内容生态治理规定》第7条

第五十一条 提示可能影响未成年人身心健康的内容

任何组织或者个人出版、发布、传播的图书、报刊、电影、广播电视节目、舞台艺术作品、音像制品、电子出版物或者网络信息,包含可能影响未成年人身心健康内容的,应当以显著方式作出提示。

第五十二条 禁止儿童色情制品

禁止制作、复制、发布、传播或者持有有关未成年人的淫秽色情物品和网络信息。

● **典型案例**

1. 乔某某以视频裸聊方式猥亵儿童案(最高人民法院发布《利用互联网侵害未成年人权益的典型案例》)

被告人乔某某为满足其不良心理需要,于2014年3月至8月间,在自住房电脑上,通过登录QQ添加不满14周岁的幼女为其好友,并冒充生理老师以视频教学为名,先后诱骗多名幼女与其视频裸聊。

人民法院经审理认为,被告人乔某某以刺激或满足其性欲为目的,用视频裸聊方式对多名不满12周岁的儿童实施猥亵,其行为已构成猥亵儿童罪。乔某某猥亵多名儿童,依法应从重处罚。乔某某被抓获后如实供述犯罪事实,依法可从轻处罚。依据刑法有关规定,判决被告人乔某某犯猥亵儿童罪,判处有期徒刑四年。

被告人乔某某为了满足自身性欲，采用欺骗手段通过网络视频引诱女童脱光衣服进行裸聊，对儿童身心健康和人格利益造成侵害。这种非直接接触的裸聊行为属于猥亵行为。在互联网时代，不法分子运用网络技术实施传统意义上的犯罪，手段更为隐蔽，危害范围更为广泛。本案警示：未成年人，特别是儿童，不宜单独使用互联网，不宜使用互联网社交平台与陌生人交流，更不能与陌生人视频聊天。未成年人心智发育不完整，识别判断能力差，家长应该控制未成年人使用电子产品和互联网，尤其要关注未成年人使用网络社交平台与陌生人交流；要告知未成年人，无论何种理由，都不能在他人面前或视频下脱去衣服，遇到这种情况应该立即告知父母，中断联系。

2. 叶某甲通过网络向未成年人贩卖毒品案（最高人民法院发布《利用互联网侵害未成年人权益的典型案例》）

被告人叶某甲（16周岁，在校学生）与社会闲散人员交友，社会闲散人员询问叶某甲是否有朋友需要毒品，若有需求可以找其购买，并可以获得好处费。2017年1月至2月期间，叶某乙（15岁，在校学生）因朋友要吸毒请求叶某甲帮忙购买毒品，后通过QQ联系与叶某甲商定毒品交易地点、价格、数量。双方先后三次合计以800元价格交易共约1克甲基苯丙胺。

人民法院经审理认为，被告人叶某甲明知是毒品甲基苯丙胺仍多次予以贩卖，情节严重，其行为已构成贩卖毒品罪。叶某甲向在校未成年学生贩卖毒品，应从重处罚；叶某甲犯罪时已满16周岁未满18周岁，被抓获后如实供述犯罪事实，依法应当减轻处罚。依据《刑法》有关规定，判决被告人叶某甲犯贩卖毒品罪，判处有期徒刑一年十个月，并处罚金人民币3000元。

本案是一起未成年在校学生之间通过互联网联系后贩卖毒品的案

件。随着信息网络的普及，网络毒品犯罪呈快速蔓延之势，利用网络向未成年人贩卖毒品更具社会危害性。吸毒贩毒易滋生如卖淫、盗窃、抢劫等其他犯罪行为，涉毒人员也是艾滋病的高危人群。当前，毒品犯罪已由社会进入校园、进入未成年人生活领域，要引起各界高度重视。本案警示：未成年人要正确交友，避免与不良社会闲散人员交往；要深刻认识毒品的危害性，避免被他人引诱沾染恶习。家长要认真履行监护责任，帮助子女禁绝接触毒品的可能性；要经常与子女沟通，及时了解子女生活、学习、交友情况，避免未成年人走上犯罪道路。

3. 王某以招收童星欺骗猥亵儿童案（最高人民法院发布《利用互联网侵害未成年人权益的典型案例》）

2017年4月至6月间，被告人王某利用网上QQ聊天软件，以某公司招收童星需视频考核为名，先后诱骗被害人赵某某（女，10岁）、钱某某（女，12岁）、李某某（女，12岁）与其视频裸聊。

人民法院经审理认为，被告人王某以视频裸聊方式猥亵儿童，其行为已构成猥亵儿童罪。王某猥亵儿童，依法应从重处罚。王某被抓获后能如实供述犯罪事实，依法可从轻处罚。依据刑法有关规定，判决被告人王某犯猥亵儿童罪，判处有期徒刑一年十个月。

网络色情信息的高强度刺激可能使青少年沉溺其中，甚至走上犯罪道路。本案被告人审判时年仅20岁，在玩游戏时被当成女性，收到私聊和广告要求其裸聊和做动作，了解了这种方法之后，由于正值青春期，也想尝试一下，于是编造传媒公司名字，以招收童星考核身材为名，要求幼女与其裸聊，寻求刺激。本案被害人都是幼女，对于不良信息的辨别力差，缺乏基本性知识，对自己行为的性质没有清晰认识，希望成为童星因此被利用。在这个过程中，父母的监管是缺失的，孩子的网络行为没有受到干预和引导，对他们接受的网络信息缺乏甄选。本案警示：家长对孩子使用电子产品和互联网行为不能不管不问，要帮助子女识别色情、暴力、毒品信息，否则极有可能使孩子受到网络色情、暴力、毒品的侵害；要加强对未成年子女的自我保护和风险防范教育。互联网监管部门，应该加强净化网络环境治理，设置浏览级别限制，引导未成年人正确使用网络，促进其健康成长。

● *相关规定*

《最高人民法院、最高人民检察院关于办理利用互联网、移动通讯终端、声讯台制作、复制、出版、贩卖、传播淫秽电子信息刑事案件具体应用法律若干问题的解释（二）》第1条

第五十三条　与未成年人有关的广告管理

任何组织或者个人不得刊登、播放、张贴或者散发含有危害未成年人身心健康内容的广告；不得在学校、幼儿园播放、张贴或者散发商业广告；不得利用校服、教材等发布或者变相发布商业广告。

第五十四条　禁止严重侵犯未成年人权益的行为

禁止拐卖、绑架、虐待、非法收养未成年人，禁止对未成年人实施性侵害、性骚扰。

禁止胁迫、引诱、教唆未成年人参加黑社会性质组织或者从事违法犯罪活动。

禁止胁迫、诱骗、利用未成年人乞讨。

● *典型案例*

1. 被告人何某强奸、强迫卖淫、故意伤害被判死刑案（《最高人民法院发布依法严惩侵害未成年人权益典型案例》）

被告人何某为达到利用幼女供他人嫖宿牟利的目的，单独或与他人伙同作案，使用诱骗、劫持手段，将被害人常某某（8周岁）、有智力残疾的谢某某（13周岁）、杜某某（10周岁）拘禁在出租房内。其间何某多次对三名被害人实施奸淫，并致常某某轻伤，杜某某轻微伤。何某还拍摄三名被害人裸体照片及视频并通过QQ发布招嫖信息，强迫三名被害人卖淫。

法院经审理认为，被告人何某采取诱骗、劫持等手段将不满14周岁的幼女拘禁，后强奸并强迫其卖淫，其行为构成强奸罪、强迫卖淫罪；何某故意伤害他人身体健康，其行为还构成故意伤害罪，且具有强奸幼女多人、多次的情节，犯罪动机卑劣，性质、情节恶劣，手段残忍，人身危险性和社会危害性极大，罪行极其严重，应依法从重处罚。依照《刑法》等相关规定，以强奸罪判处被告人何某死刑，剥夺政治权利终身；以强迫卖淫罪判处有期徒刑十五年，并处罚金人民币5万元；以故意伤害罪判处有期徒刑二年零六个月；决定执行死刑，剥夺政治权利终身，并处罚金人民币5万元。最高人民法院经复核，依法核准被告人何某死刑。何某已于2019年7月24日被执行死刑。

性侵害未成年人的案件严重侵害未成年被害人的身心健康，严重影响广大人民群众的安全感，性质恶劣，危害严重。对此类案件要坚决依法从重从快惩治，对罪行极其严重的，要坚决依法判处死刑，让犯罪分子受到应有制裁。近年来，犯罪分子利用网络实施犯罪的案件有所增加。未成年人辨别能力、防范意识相对较弱，更容易成为受害对象。本案警示我们，一定要加强网络监管，加强对未成年人的网络保护；网络企业要强化社会责任，切实履行维护网络安全、净化网络空间的法律义务；学校、家庭要加强对未成年人使用网络情况的监督，教育引导未成年人增强自我保护意识和能力。同时，本案也提示学校、老师、家庭、家长，一定要切实履行未成年人保护、监护法律责任。本案第三名被害人在上学途中被劫持，学校老师发现被害人未到校后及时通知家长，家长报案后，公安机关通过监控锁定犯罪分子的藏匿地点，及时解救了被害人，并将犯罪分子绳之以法，从而避免了犯罪分子继续为非作恶，更多未成年人受到侵害。

2. 被告人赵某某强奸被判死刑案（《最高人民法院发布依法严惩侵害未成年人权益典型案例》）

2015年6月至2017年1月，被告人赵某某与同案被告人李某（女，已判刑）经共谋，由李某到河南省某县的初中学校寻找女生供赵某某奸淫。李某纠集刘某、吴某某、蒋某某、郝某（均另案处理）、谷某某、秦某某、李某某、赵某某（以上人员均系未成年人）等人，采取殴打、恐吓、拍下体照片威胁等手段，先后强迫被害人朱某某等在校初中女学生与赵某某发生性关系，共计25人32起，其中幼女14人19起。

法院经审理认为，被告人赵某某伙同他人采用暴力、胁迫或者其他手段，强奸妇女、奸淫幼女，其行为已构成强奸罪。赵某某犯罪性质特别恶劣，情节特别严重，社会危害性极大，造成了极为恶劣的社会影响。依照《刑法》等相关规定，以强奸罪判处被告人赵某某死刑，剥夺政治权利终身。最高人民法院经复核，依法核准被告人死刑。赵某某已于2019年6月4日被执行死刑。

性侵害未成年人犯罪，严重损害儿童权益，人民法院对此类犯罪历来坚持"零容忍""严惩处"的立场。对犯罪性质、情节极其恶劣,后果极其严重的,坚决依法判处死刑,绝不姑息。本案被告人赵某某身为公司法定代表人,同时兼任多项社会职务,有着较高的社会地位,却道德败坏,做出如此令人发指之事。赵某某的行为虽未造成被害人重伤或死亡,但其罪行对被害人的心理和生理造成了无法弥补的伤害,社会危害性极大,影响极其恶劣。依法判处并对赵某某执行死刑,彰显了人民法院从严打击性侵害未成年人犯罪绝不手软的鲜明立场和坚决态度。

3. 张某等寻衅滋事、敲诈勒索、非法拘禁案(最高人民法院发布《保护未成年人权益十大优秀案例》)

被告人张某纠集李某、任某、陈某、邰某、王某等人,设立组建某财富公司,在江苏省某市区进行非法放贷活动,以喷油漆、扔油瓶、半夜上门滋扰等"软暴力"手段非法讨要债务。在放贷过程中,该组织成员还引诱、纠集褚某、朱某、姚某、王某、顾某等在校学生,利用同学、朋友关系诱骗其他未成年学生签订虚高借款合同,在借款中随意扣减"服务费、中介费、认家费"等,并逼迫未成年少女拍摄裸照担保债务,部分未成年被害人被迫逃离居住地躲债,造成辍学等不良后果。该组织通过"套路贷",多次实施敲诈勒索、寻衅滋事、非法拘禁犯罪,违法所得共计人民币166000元,造成恶劣的社会影响。

法院经审理认为,被告人张某纠集褚某、李某等11人,形成人员组织稳定,层级结构清晰的犯罪组织,该组织成员长期纠集在一起,共同实施多起寻衅滋事、敲诈勒索、非法拘禁等违法犯罪活动,欺压百姓,扰乱社会秩序,造成较为恶劣的社会影响,应当认定为恶势力犯罪集团。据此,以敲诈勒索罪、寻衅滋事罪、非法拘禁罪,数罪并罚,依法判处被告人张某有期徒刑九年六个月,并处罚金人民币

18万元；对其他恶势力犯罪集团成员亦判处了相应刑罚。

本案系江苏省扫黑除恶专项斗争领导小组第一批挂牌督办的案件之一，也是扫黑除恶专项斗争开展以来，该省查处并宣判的第一起以未成年人为主要犯罪对象的黑恶势力"套路贷"犯罪案件。该案恶势力集团的犯罪行为不仅严重扰乱了正常经济金融秩序，还严重侵害了未成年人权益。其利用未成年人涉世未深、社会经验不足、自我保护能力弱、容易相信同学朋友等特点，以未成年人为主要对象实施"套路贷"犯罪，并利用监护人护子心切，为减小影响容易选择息事宁人做法的心理，通过实施纠缠滋扰等"软暴力"行为，对相关未成年人及其家庭成员进行精神压制，造成严重心理恐慌，从而逼迫被害人支付款项，不仅严重破坏正常教育教学秩序，更给未成年人及其家庭造成巨大伤害。对本案的依法从严惩处，彰显了司法机关重拳打击黑恶势力，坚定保护未成年人合法权益的决心。对于打击针对在校学生，特别是未成年在校生的犯罪，促进平安校园具有重要指导意义。

4. 古某引诱、教唆他人吸毒、容留他人吸毒案［《最高人民法院发布2022年十大毒品（涉毒）犯罪典型案例》］①

被告人古某，男，汉族，1996年4月16日出生，无业。2016年12月20日因犯引诱、教唆他人吸毒罪被判处有期徒刑四年，并处罚金人民币5000元，2019年2月28日刑满释放。2020年10月，被告人古某与严某某、李某某（均系未成年人）在四川省宜宾市南溪区罗龙镇严某某母亲家中居住，古某明知严某某、李某某没有吸毒史，在二人面前制作吸毒工具，询问二人是否愿意尝试吸毒，并示范吸毒方法，讲述吸毒后的体验，引诱、教唆二人吸食毒品，先后和严某某、

---

① 参见《最高人民法院发布2022年十大毒品（涉毒）犯罪典型案例》，载最高人民法院网站，https://www.court.gov.cn/zixun-xiangqing-363401.html，最后访问时间：2025年3月17日。

李某某一起吸食了其提供的甲基苯丙胺（冰毒）。同年11月，古某多次在宜宾市南溪区南山一品二期其租住的房间内容留吸毒人员及严某某、李某某吸食甲基苯丙胺。

本案由四川省宜宾市南溪区人民法院一审，宜宾市中级人民法院二审。法院认为，被告人古某通过向他人宣扬吸食毒品后的感受等方法，诱使、教唆他人吸食毒品，其行为已构成引诱、教唆他人吸毒罪。古某多次提供场所容留吸毒人员及未成年人严某某、李某某吸食毒品，其行为已构成容留他人吸毒罪。对古某所犯数罪，应依法并罚。古某引诱、教唆未成年人吸毒，且其曾因犯引诱、教唆他人吸毒罪被判处有期徒刑，刑满释放后五年内又实施本案犯罪，系累犯，应依法从重处罚。古某到案后如实供述自己的主要犯罪事实，可依法从轻处罚。据此，依法对被告人古某以引诱、教唆他人吸毒罪判处有期徒刑二年六个月，并处罚金人民币3000元；以容留他人吸毒罪判处有期徒刑一年一个月，并处罚金人民币3000元，决定执行有期徒刑三年四个月，并处罚金人民币6000元。宜宾市中级人民法院于2021年9月18日作出二审刑事裁定，现已发生法律效力。

毒品具有较强的致瘾癖性，一旦沾染，极易造成身体和心理的双重依赖。未成年人好奇心强，心智发育尚不成熟，欠缺自我保护能力，更易遭受毒品危害。人民法院始终坚持将犯罪对象为未成年人以及组织、利用未成年人实施的毒品犯罪作为打击重点。本案是一起典型的引诱、教唆、容留未成年人吸毒案件。被告人古某在未成年人面前实施言语诱导、传授吸毒方法、宣扬吸毒感受的行为，造成两名本无吸毒意愿的未成年人吸食毒品的后果，且其多次提供场所容留未成年人吸毒，社会危害大。古某曾因引诱、教唆他人吸毒犯罪情节严重被判处有期徒刑四年，仍不思悔改，刑满释放不足一年再次实施同类犯罪，系累犯，主观恶性深，人身危险性大。人民法院根据其犯罪事实、性质、情节和危害后果，依法对其从重处罚，贯彻了加大对末端毒品犯罪惩处力度的刑事政策，体现了对侵害未成年人毒品犯罪予以严惩的坚定立场。在通过刑罚手段阻断毒品危害殃及未成年人的同时，人民法院也呼吁广大青少年深刻认识毒品危害，守住心理防线，慎重交友，远离易染毒环境和人群。

5. 谢某某组织、领导黑社会性质组织、寻衅滋事、聚众斗殴、敲诈勒索、开设赌场、故意伤害案（最高人民检察院发布《依法严惩利用未成年人实施黑恶势力犯罪典型案例》）[①]

2017年2月，谢某某刑满释放后，纠集刑满释放和社会闲散人员詹某某、陈某某等人，先后拉拢、招募、吸收18名未成年人（其中15名在校学生），在福建省宁德市蕉城区城南镇古溪村实施寻衅滋事、敲诈勒索等违法犯罪活动，逐步形成以谢某某为组织、领导者，詹某某等人为骨干成员，陈某某和翁某某（未成年人）、余某某（未成年人），以及16名未满16周岁的未成年人为参加者的黑社会性质组织。谢某某利用犯罪组织势力，对古溪赌场进行敲诈勒索、安排组织成员在贷款公司上班获取经济利益，支持组织活动。该组织实施寻衅滋事、聚众斗殴、敲诈勒索、开设赌场、故意伤害等一系列违法犯罪活动，欺压、残害群众，为非作恶，称霸一方，在古溪区域内造成重大影响，严重破坏经济和社会生活秩序。

福建省市区三级人民检察院分别成立指导组和专案组，依法快捕快诉。审慎认定未成年人涉黑恶势力犯罪，对参加黑社会性质组织时

---

① 参见《依法严惩利用未成年人实施黑恶势力犯罪典型案例》，载最高人民检察院网站，https://www.spp.gov.cn/xwfbh/wsfbh/202004/t20200423_459435.shtml，最后访问时间：2025年3月17日。下文同一出处案例不再特别提示。

间不长、参与实施违法犯罪活动较少的 1 名未成年人不认定参加黑社会性质组织罪；对认定参加黑社会性质组织罪的 2 名未成年人提出从轻处罚的量刑建议，得到法院支持。对未达到刑事责任年龄的未成年人，实行"走访摸底、分类帮扶"，积极规劝 15 名涉案学生及时返校就学。对后续继续升学就读的未成年人，与社工、公益机构共同开展"一对一"精准帮教，通过法治教育、心理咨询、团体辅导、公益志愿活动等形式，多方联动构建有效观护帮教模式。对进入社会的涉案未成年人，依托帮教基地培训职业技能，联系就业单位。针对涉案未成年人主要来自单亲家庭、留守家庭以及监护缺失家庭的情况，蕉城区人民检察院与社工组织、社区等合作，组织涉案未成年人父母开展亲职教育。针对涉案未成年在校学生较多的情况，积极推进源头治理。联合 8 个校园周边治安综合治理领导小组成员单位，对城区 11 所重点区域中小学校开展专项督查，从学校内部安全管理、周边安全、消防安全、食品安全、校园欺凌等方面，采取现场查验、现场纠正、现场交办、限时整改等方式，开展全方位排查、整改。与区教育局签订《检校共建、推进法治校园建设协议》，向辖区 9 所中小学校派驻法治副校长，指导学校开展法治教育工作。2018 年 12 月 20 日，蕉城区人民法院依法判处谢某某犯组织、领导黑社会性质组织罪、寻衅滋事罪、聚众斗殴罪、敲诈勒索罪、开设赌场罪、故意伤害罪，数罪并罚，决定执行有期徒刑十三年六个月，并处没收个人全部财产。16 名未被追究刑事责任的未成年人经帮教后考入中专、中职学校 8 人，继续在初中部学习 2 人，就业 6 人，其中 2 人在省运会射击项目青少年组竞赛中取得好成绩。

成年人利用未成年人实施黑恶势力违法犯罪活动，导致未成年人涉黑恶势力犯罪问题逐渐凸显，严重损害未成年人健康成长，严重危害社会和谐稳定，应引起社会高度重视。突出打击重点，依法严惩利用未成年人实施黑恶势力犯罪的涉黑恶成年犯罪人。拉拢、招募、吸收未成年人参加黑社会性质组织，实施黑恶势力违法犯罪活动，是利用未成年人实施黑恶势力犯罪的典型行为。利用未达到刑事责任年龄的未成年人实施黑恶势力犯罪的，是利用未成年人实施黑恶势力犯罪应当从重处罚的情形之一，应当对黑社会性质组织、恶势力犯罪集团、恶势力的首要分子、骨干成员、纠集者、主犯和直接利用的成员从重处罚。切实贯彻宽严相济刑事政策，最大限度保护涉案未成年人合法权益。坚持打击与保护并重、帮教矫正和警示教育并行、犯罪预防和综合治理并举，对涉黑恶未成年人积极开展帮教矫正和犯罪预防工作。积极参与社会综合治理，加强各职能部门协调联动。开展法治宣传教育，为严惩利用未成年人实施黑恶势力犯罪营造良好社会氛围。

6. 黎某甲寻衅滋事、妨害作证、故意伤害、非法采矿案（最高人民检察院发布《依法严惩利用未成年人实施黑恶势力犯罪典型案例》）

2015年至2017年期间，以黎某甲为首，毛某某、骆某甲（未成年人）等6人为固定成员的恶势力犯罪集团，以暴力、威胁等手段，在广东省清远市阳山县多次实施违法犯罪活动，欺压当地百姓，扰乱社会生活秩序，造成较为恶劣的社会影响。2016年7月，黎某甲因与被害人李某某发生纠纷，遂纠集毛某某、骆某甲等人到李某某的烧腊店进行报复。黎某甲指使毛某某、骆某甲等人利用其事先准备的工具撬开烧腊店铁帘门，对店内物品进行打砸，并将烧腊店内的摩托车推到附近小河涌，造成财物损失价值人民币5881.96元。事后，黎某甲为逃避法律制裁，要求骆某甲电话联络黎某乙和骆某乙，并让三人提供身份证等资料。黎某甲在山庄宴请三人，指使三人到公安机关自首，并作三人实施打砸李某某烧腊店的假口供，以包庇其及其他同案犯。2017年3月27日，被告人骆某甲到阳山县公安局刑侦大队投案，并作假口供包庇黎某甲及其他同案犯。

阳山县人民检察院经认真审查和引导补证后，认为黎某甲领导的犯罪组织，符合恶势力犯罪集团的特征，同时增加认定黎某甲部分故意伤害犯罪事实。黎某甲为逃避法律责任，利用骆某甲心智不成熟、社会阅历浅、法治意识淡薄的特点，指使未成年人录假口供、作伪证的妨害作证行为，不仅妨害正常司法活动，而且严重侵害了未成年人合法权益。检察机关精准指控，增加认定首要分子黎某甲的部分故意伤害犯罪事实，同时依法认定该犯罪组织为恶势力犯罪集团，对利用未成年人实施黑恶势力犯罪的，体现了依法从严打击。针对骆某甲实施的违法行为，检察机关一方面通过庭审教育的方式，与援助律师共同开展法治教育；另一方面通过与其家庭成员联系，深入分析家庭教育对未成年人的重要性，强调加强家庭教育和关心关爱，帮助其改过自新，重新回归社会。2019年12月30日，阳山县人民法院对黎某甲等七人作出判决，依法判处黎某甲犯寻衅滋事罪、妨害作证罪、故意伤害罪、非法采矿罪，数罪并罚，决定执行有期徒刑六年六个月，并处罚金人民币5万元。

黑恶势力犯罪分子利用未成年人自我保护能力弱、辨别能力低、易于控制指挥的特点，常常有意拉拢、引诱、欺骗未成年人加入黑恶势力，实施黑恶势力违法犯罪活动。未成年人被利用参与黑恶势力犯罪的，应当重在切断"毒源"，防止低龄未成年人"积小恶成大患"。一些黑社会性质组织和恶势力犯罪集团、恶势力，利用刑法第十七条关于刑事责任年龄的规定，有意将未成年人作为黑恶势力的发展对象，以此规避刑事处罚。成年犯罪人利用未成年人心智尚未成熟的特点，伙同未成年人实施黑恶势力犯罪，并在犯罪后为逃避法律责任，指使未成年人作伪证、顶罪，包庇其他成年人的犯罪事实，行为恶劣，应当予以严惩。

7. 靳某某妨害信用卡管理、非法拘禁、寻衅滋事案（最高人民检察院发布《依法严惩利用未成年人实施黑恶势力犯罪典型案例》）

2018年10月以来，靳某某在QQ群发布收买银行卡的信息，纠集周某某、张某某、肖某某等人，雇用温某某、刘某某、安某某（三人均为未成年人）形成贩卖银行卡的恶势力犯罪团伙。该团伙以营利为目的，在一些职业院校内非法收购学生银行卡、U盾、手机卡，持有并贩卖给境外赌博、诈骗组织。靳某某为防止倒卖的银行卡不能正常使用、违法所得不能取出，指使团伙成员纠集温某某、刘某某、安某某多次将挂失银行卡的未成年在校学生带至宾馆、学校偏僻处，采取语言威胁、扬言殴打、带至外地交给上家处理等手段进行威胁恐吓，为学生拍摄录像，强迫挂失银行卡的学生补卡并交回卡内被冻结的资金。

2019年4月24日，河北省邢台市新河县居民常某某在博彩平台先后被骗60多万元，到新河县公安局报案。公安机关立案侦查发现被骗款项通过该犯罪团伙收购、贩卖的银行卡转到其他账户。新河县人民检察院针对公安机关发现涉恶、涉未成年人的案情，立即提前介入侦查活动，及时面见涉案未成年人，了解情况，适时释法说理，进行教育感化。公安机关提请批准逮捕后，新河县人民检察院安排涉案未成年人的父母前往看守所开展亲情会见，共同对其进行心理疏导，温某某、刘某某、安某某等人当场痛哭悔过。审查起诉期间，检察机关从保护未成年人的角度出发，对涉案未成年人分案办理。主动联系未成年人户籍所在地河南省洛阳市老城区司法局、涧山区司法局，协作开展社会调查,分析未成年人涉罪原因、平时表现,根据调查结果,建议法院对未成年人温某某、刘某某、安某某适用缓刑。对该案主犯靳某某依法从严,向法院提出从重处罚的量刑建议。2019年12月31日,新河县人民法院依法判处靳某某犯妨害信用卡管理罪、非法拘禁罪、寻衅滋事罪,数罪并罚,决定执行有期徒刑四年六个月,并处罚金人民币3万元。

　　黑恶势力利用未成年人急于赚钱、自我控制能力不强的心理特点,常常以从事兼职的名义雇用未成年人参与违法犯罪活动,为谋取非法利益提供便利。黑恶势力将黑手伸向未成年人和大中专院校,利用在校学生,针对未成年人实施违法犯罪,应当予以从重处罚。检察机关坚决遏制黑恶势力拉拢侵蚀未成年人,对黑恶势力利用未成年人实施违法犯罪活动严厉打击,依法坚决起诉,从重提出量刑建议。对被利用的未成年人,要综合其犯罪性质、罪行轻重等因素,实行分级保护处遇。对行为性质较为恶劣、危害后果较大的涉罪未成年人,要全面了解其生理、心理状态及违法犯罪原因,通过亲情会见,教育、感化未成年人,积极促成和解,引导其认罪认罚获得从宽处理;对罪行轻微,属于初犯、偶犯的未成年人,要充分发挥不捕、不诉、刑事和解等制度机制作用,积极适用附条件不起诉;对未达到刑事责任年龄的未成年人,要与公安机关沟通,由其训诫,责令监护人严加管教,同时联合相关帮教主体,开展重点观护和帮教,预防再犯。

● *相关规定*

　　《刑法》第29条、第236~237条、第239~240条、第353条;《民法典》第1010条

第五十五条 对生产、销售用于未成年人产品的要求

生产、销售用于未成年人的食品、药品、玩具、用具和游戏游艺设备、游乐设施等,应当符合国家或者行业标准,不得危害未成年人的人身安全和身心健康。上述产品的生产者应当在显著位置标明注意事项,未标明注意事项的不得销售。

● *典型案例*

1. 钱某与某美容工作室、龙某生命权、身体权、健康权纠纷案 (最高人民法院发布《未成年人权益司法保护典型案例》)

2021年1月,13周岁的原告钱某多次前往被告龙某所经营的某美容工作室玩耍,与龙某熟识后,钱某称要文身,龙某遂为钱某进行了大面积文身,并收取文身费5000元。2021年2月,钱某的母亲送钱某前往某省入学,学校检查身体时发现了钱某身上的文身。为避免对钱某的求学及就业造成影响,钱某父母要求清洗文身,后双方因对赔偿事宜协商未果,钱某诉至法院,请求被告退还文身费5000元,并赔偿精神损失。

法院经审理认为,一方面,原告钱某年仅13周岁,属于限制民事行为能力人,以其年龄、智力状况、社会经验等尚不能判断文身行为对自己身体和人格利益带来损害和影响,且事后其法定代理人未予追认,经营者应当依法返还价款。另一方面,被告某美容工作室在未准确核实钱某年龄身份的情况下,为钱某进行了大面积文身,存在重大过错,应当承担相应的侵权责任。最终判令被告某美容工作室返还原告钱某文身费5000元,并支付原告钱某精神抚慰金3000元。

文身实质上是在人体皮肤上刻字或者图案,属于对身体的侵入式动作,具有易感染、难复原、就业受限、易被标签化等特质。给未成年人文身,不仅影响未成年人身体健康,还可能使未成年人在入学、

113

参军、就业等过程中受阻，侵害未成年人的健康权、发展权、受保护权以及社会参与权等多项权利。因此，经营者在提供文身服务时，应当对顾客的年龄身份尽到审慎注意义务。本案作出由经营者依法返还文身价款，并依法承担侵权损害赔偿责任的裁判结果，对规范商家经营，保障未成年人合法权益、呵护未成年人健康成长具有重要意义。

2. **李某诉某乳业公司产品责任纠纷案**（《最高法发布涉未成年人食品安全司法保护典型案例》案例一）①

2019年5月18日、5月19日，李某购买某乳业公司生产的固体饮料18罐，每罐328元，共计5904元。该产品配料表上标注：葡萄糖浆、植物脂肪粉、氨基酸等配料。其中，氨基酸括号内标注有L-赖氨酸、L-蛋氨酸、L-色氨酸、L-酪氨酸等成分。李某认为L-赖氨酸、L-蛋氨酸、L-酪氨酸、L-色氨酸等4种氨基酸允许使用的食品类别中不包括固体饮料，案涉产品构成超范围添加，诉请某乳业公司退回购物款5904元并承担10倍货款赔偿。某乳业公司抗辩认为，案涉产品中标示的L-赖氨酸、L-蛋氨酸、L-酪氨酸、L-色氨酸系氨基酸复合物，是通过特殊工艺即蛋白质加酶制剂水解而成，系以改性形式存在而非添加的物质，配料表相关表述和食品安全符合国家标准。

法院经审理认为，根据《食品安全国家标准食品营养强化剂使用标准》（GB14880-2012）规定，L-赖氨酸允许使用的食品类别不包含固体饮料，但案涉产品系蛋白固体饮料，并非可以添加上述氨基酸的食品。某乳业公司作为食品生产者，未能举证证明另外三种氨基酸能够用于非特殊膳食用食品和其化合物来源，未能举证证明该三种氨基

---

① 参见《最高法发布涉未成年人食品安全司法保护典型案例》，载最高人民法院网，https://www.court.gov.cn/zixun/xiangqing/428312.html，最后访问时间：2025年3月17日。下文同一出处案例不再特别提示。

酸能够用于案涉食品，应承担对其不利的法律后果。原告李某购买18罐固体饮料的行为符合当地生活消费购买习惯，某乳业公司作为生产者，生产的产品不符合《食品安全国家标准食品营养强化剂使用标准》的规定，法院判决其支付十倍货款的惩罚性赔偿金59040元。

食品安全是重大的基本民生问题，特别是婴幼儿食品安全事涉千万家庭，国家对婴幼儿食品安全制定了严格的标准。本案例涉及婴幼儿最常见的配方粉固体饮料，通过明确固体饮料中氨基酸属于超范围添加进而影响食品安全，判决生产者支付十倍惩罚性赔偿金，彰显了人民法院保护婴幼儿食品安全的坚定决心，也为同类案件提供了参考。

3. 颜某诉某孕婴用品店买卖合同纠纷案（《最高法发布涉未成年人食品安全司法保护典型案例》案例二）

颜某因女儿喝普通奶粉过敏，自2018年4月起到某孕婴用品店购买某产品作为奶粉的替代品。2020年5月14日颜某再次到某孕婴用品店购买该产品，询问某孕婴用品店的经营者关某该产品的性能，关某明确表示该产品能"调节过敏体质"。颜某对此进行了录音录像。后颜某向当地市场监督管理局进行举报，称某孕婴用品店宣称商品能调节过敏症状，既构成虚假宣传行为，又构成引人误解的宣传行为，已造成举报人的误解，导致其购买并长期给孩子使用固体饮料。2021年7月23日，市场监督管理局作出某市监处字［2021］第108号行政处罚决定书，以某孕婴用品店构成虚假宣传为由，责令某孕婴用品店停止违法行为并处罚款30万元等。后颜某起诉至法院，要求某孕婴用品店返还价款并支付惩罚性赔偿金。

法院经审理认为，根据《食品安全法》的规定，生产经营者对其提供的标签、说明书的内容负责；食品广告的内容应当真实合法，不得含有虚假内容，不得涉及疾病预防、治疗功能；食品生产经营者对食品广告内容的真实性、合法性负责。我国对特殊食品有更严格的监管规定。因此，无论是普通食品还是特殊食品均不得涉及疾病预防、治疗功能的宣传。某孕婴用品店故意以"调节过敏体质"的说辞误导消费者，属于以虚假或者引人误解的商品说明方式销售商品，构成欺诈。根据《消费者权益保护法》第55条的规定，消费者有权要求按消费金额的三倍赔偿。遂判决某孕婴用品店退还货款并向颜某支付价款三倍惩罚性赔偿金54624元。

婴幼儿食品直接关乎未成年人的健康成长。现实生活中，存在虽然产品质量合格但销售者虚假宣传的情形。本案中，销售者宣称售卖的固体饮料能够调节过敏体质，误导消费者，会给婴幼儿身体造成损害。此类行为在当前侵害未成年人食品安全行为中具有典型性，该案判决对遏制虚假宣传，倡导诚信经营，推动构建食品生产经营健康秩序，具有重要意义。

4. 被告人靳某销售伪劣产品案（《最高法发布涉未成年人食品安全司法保护典型案例》案例三）

2021年3月至2021年11月，被告人靳某为牟取非法利益，通过欧某大量收购超过保质期的奶制品，并利用其作为经销商的便利，在内部经销商网挑选可在市场售卖的批号，在某省某地设立加工窝点，组织贺某、贺某某、高某及吴某（均另案处理）等人通过喷涂篡改产品原生产日期和批号冒充新日期产品后，销往个别省份。经统计，靳某向经销商等销售过期奶制品，已销售金额272142元、未销售货值23498元。其中，扣押在案的部分产品经生产厂家比对认定为被篡改生产批号和日期产品，导致溯源不能。检察机关指控被告人靳某犯生产、销售伪劣产品罪。

法院经审理认为，被告人靳某结伙将他人生产的超过保质期的奶制品以更改生产日期、保质期、改换包装等方式销售牟取利益，已销售金额272142元、未销售货值23498元,其行为已构成销售伪劣产品罪。靳某在共同犯罪中起主要作用,系主犯。被告人靳某犯销售伪劣产品罪,判处有期徒刑三年三个月,并处罚金人民币20万元,违法所得予以没收。

未成年人食品安全一直是社会关注的焦点。销售超过保质期的奶制品,具有较高的食品安全风险和社会危害性,为食品安全法明令禁止,构成犯罪的,应依法追究刑事责任。本案被告人为牟取非法利益,利用身为奶制品经销商的便利,结伙收购、倒卖超过保质期的奶制品,涉案金额大,影响范围广,法院对其依法定罪判刑,体现了对危害儿童食品安全行为绝不姑息的态度,有利于规范涉未成年人食品经营活动,为未成年人成长提供食品安全保障。

5. 某餐饮管理公司诉某区市场监督管理局行政处罚案(《最高法发布涉未成年人食品安全司法保护典型案例》案例四)

某餐饮管理公司向某市共计9所中小学校提供午餐。2020年9月3日共提供午餐11887份,每份午餐价格为10元。2020年9月4日,当地市场监督管理局接到多起报案线索,称9月3日就餐结束后,多所学校多名学生出现了腹痛、腹泻症状而被紧急送医。市场监督管理局立即会同有关部门到该公司的经营场所现场调查,发现某餐饮管理公司在上述学校午餐的存储、加工、配送过程中,存在员工裸手取食烹煮食物、未及时洗手消毒或更换清洁手套、传菜过程中食物堆叠、常温供餐时间过长等违规操作情形。经某区疾病预防控制中心讨论分析认定,本案中涉及食用某餐饮管理公司配餐导致感染的中小学生共计18人,类似病症是因食用了受污染午餐导致的聚集性食源性疾病。市场监督管理局在法定期限内,经法定程序调查后,于2021年7月12日作出行政处罚决定,认为某餐饮管理公司的行为违反了《食品安全法》第34条、第54条第1款及《学校食品安全与营养健康管理规定》第40条第1款之规定，构成了经营污秽不洁食品、未按要求进行食品贮存、未按要求留样的违法行为，并依照《食品安全法》第124条、第132条及《学校食品安全与营养健康管理规定》第56条之规定，责令某餐饮管理公司立即改正违法行为，给予警告，罚款1901920元。某餐饮管理公司对处罚决定不服，诉至人民法院。

法院经审理认为，市场监督管理局在案发后立即对某餐饮管理公司的经营场所进行了现场调查，询问了相关生产经营情况，同时调取了生产经营中的操作监控视频，查明某餐饮管理公司在存储、加工、配送午餐过程中存在操作不规范情形。疾病预防控制中心作为专业机构，同时对案涉食品事件开展了流行病学调查及实验室检测，并出具了《关于某区学生聚集性食源性疾病的结案报告》，对本案聚集性食源性疾病的原因及可疑食物污染来源予以查实，得出本次疾病系一起因食用了受污染午餐导致的聚集性食源性疾病的结论，餐次为9月3日午餐，致病因子是副溶血性弧菌。因此，市场监督管理局认定某餐饮管理公司配送的午餐为污秽不洁食品事实清楚、证据确凿，同时处罚适用法律正确、量罚适当、程序合法。遂依法驳回了某餐饮管理公司的诉讼请求。

近年来，关于中小学生配餐引发的食品安全问题时有发生，引发家长和公众担忧。本案系一起典型中小学食品安全事件。市场监督管理局在有关政府部门配合下，对涉事食品生产企业的生产、储存、配送等各环节进行了深入细致的调查，并依法进行处罚。人民法院对行政处罚行为依法予以支持，对危害学生身体健康的行为坚决说"不"。人民法院通过依法公正履行审判职能，推动形成各方履责，齐抓共管，合力共治的工作格局，规范食品生产企业的生产经营秩序，守护中小学生"舌尖上的安全"。

第五十六条　公共场所的安全保障义务

未成年人集中活动的公共场所应当符合国家或者行业安全标准，并采取相应安全保护措施。对可能存在安全风险的设施，应当定期进行维护，在显著位置设置安全警示标志并标明适龄范围和注意事项；必要时应当安排专门人员看管。

大型的商场、超市、医院、图书馆、博物馆、科技馆、游乐场、车站、码头、机场、旅游景区景点等场所运营单位应当设置搜寻走失未成年人的安全警报系统。场所运营单位接到求助后，应当立即启动安全警报系统，组织人员进行搜寻并向公安机关报告。

公共场所发生突发事件时，应当优先救护未成年人。

● **相关规定**

《消费者权益保护法》第18条

第五十七条　住宿经营者安全保护义务

旅馆、宾馆、酒店等住宿经营者接待未成年人入住，或者接待未成年人和成年人共同入住时，应当询问父母或者其他监护人的联系方式、入住人员的身份关系等有关情况；发现有违法犯罪嫌疑的，应当立即向公安机关报告，并及时联系未成年人的父母或者其他监护人。

● **典型案例**

1. **黄某某诉某某宾馆生命权、身体权、健康权纠纷案**（最高人民法院发布《未成年人权益司法保护典型案例》）

黄某某与朱某某（均系未成年人）通过网上聊天认识后发展为男女朋友关系。2021年6月，朱某某与黄某某相约见面，随后二人入住某某宾馆并发生性关系。后黄某某监护人得知，该宾馆在接待未成年人黄某某时，未询问其父母的联系方式及入住人员的身份关系等有关情况。黄某某以某某宾馆未尽安全保护义务使其遭受性侵害为由诉至法院，请求某某宾馆赔偿精神损害抚慰金20000元，某某宾馆的经营者承担连带责任。

根据《未成年人保护法》第57条规定："旅馆、宾馆、酒店等住宿经营者接待未成年人入住，或者接待未成年人和成年人共同入住时，应当询问父母或者其他监护人的联系方式、入住人员的身份关系等有关情况；发现有违法犯罪嫌疑的，应当立即向公安机关报告，并及时联系未成年人的父母或者其他监护人。"法院经审理认为，被告某某宾馆在接待未成年人黄某某入住时，未询问其父母的联系方式及入住人员的身份关系，未尽到对未成年人安全保护的法定义务，应承担一定责任。最终双方达成调解协议，被告某某宾馆同意赔偿黄某某精神损害抚慰金5000元，并当场履行完毕。

本案警示旅馆、宾馆、酒店的经营者应严格履行保护未成年人的法律义务和主体责任，依法依规经营，规范入住程序，严格落实强制报告制度，履行安全保护义务，如违反有关法定义务，将被依法追究相应法律责任。广大家长也应加强对未成年人的教育管理，使未成年人形成正确的人生观和价值观，自尊自爱、谨慎交友，预防此类案件的发生。有关主管部门应当强化对旅馆、宾馆、酒店的日常监管，建立健全预警处置机制，实现对未成年人入住旅馆、宾馆、酒店的风险防控，全面保护未成年人健康成长。

2. 王某某与某宾馆住宿经营场所经营者安全保障责任纠纷案（《2022年湖北省高级人民法院少年审判工作新闻发布会典型案例》）

2021年6月，案外人马某通过他人推送QQ好友的方式，与王某某互加QQ好友。在当晚的聊天中，王某某告知马某其系初中生，双方确定恋爱关系后并相约当晚见面。当日晚至次日间，王某某与马某两人先后三次共同入住某宾馆并发生性关系。马某因明知王某某系未满14周岁幼女仍与其多次发生性关系，被以强奸罪判处有期徒刑三年五个月。王某某父母因王某某人身权益受到侵害主张民事赔偿，并代表其向当地检察机关申请，请求检察机关支持起诉。检察机关据此出具支持起诉书，支持王某某提起本案民事诉讼。王某某遂以某宾馆未对未成年人尽到住宿经营场所经营者安全保障法定义务为由，请求法院判决某宾馆赔偿其精神损害抚慰金1万元。

法院经审理认为，《未成年人保护法》第57条规定："旅馆、宾馆、酒店等住宿经营者接待未成年人入住，或者接待未成年人和成年人共同入住时，应当询问父母或者其他监护人的联系方式、入住人员的身份关系等有关情况；发现有违法犯罪嫌疑的，应当立即向公安机关报告，并及时联系未成年人的父母或者其他监护人。"本案中，某宾馆在接待王某某入住时，未尽到上述对未成年人安全保护的法定义务。王某某所受伤害虽系犯罪行为所致，但某宾馆作为住宿经营场所经营者亦未尽到安全保障义务，依法应承担补充赔偿责任。鉴于王某某因性侵害造成特殊心理创伤，法院判决某宾馆赔偿王某某精神损害抚慰金5000元。

未成年人保护法规定，社会应当教育和帮助未成年人维护自身合法权益，增强自我保护意识和能力。旅馆、宾馆、酒店等住宿经营者接待未成年人入住时，因未成年人身体和心智均未发育成熟，需要旅馆、宾馆、酒店等住宿经营者尽到更加严格的登记和管理义务。本案中，人民法院秉承对未成年人权益优先保护、全面保护、特殊保护的基本原则，认定住宿经营者未尽到相应的安全保障义务，对未成年人所受侵害应承担相应的补充赔偿责任，体现了对未成年人人格权益的特殊保护。本案依法认定住宿经营者对未成年人所受侵害的民事赔偿责任，必将对相关市场主体起到一定的警示作用，督促市场主体对未成年人权益保护尽到应有的社会责任。同时本案也警示家庭要加强对未成年人的教育管理，有关主管部门亦要强化对宾馆等经营场所的监管，形成对未成年人全面保护的合力。

● 相关规定

《妇女权益保障法》第26条；《关于建立侵害未成年人案件强制报告制度的意见（试行）》第3条

第五十八条　不适宜未成年人活动场所设置与服务的限制

学校、幼儿园周边不得设置营业性娱乐场所、酒吧、互联网上网服务营业场所等不适宜未成年人活动的场所。营业性歌舞娱乐场所、酒吧、互联网上网服务营业场所等不适宜未成年人活动场所的经营者，不得允许未成年人进入；游艺娱乐场所设置的电子游戏设备，除国家法定节假日外，不得向未成年人提供。经营者应当在显著位置设置未成年人禁入、限入标志；对难以判明是否是未成年人的，应当要求其出示身份证件。

● 相关规定

《义务教育法》第23条；《娱乐场所管理条例》第23条、第30条；《娱乐场所管理办法》第21条

第五十九条　对未成年人禁售烟、酒和彩票

学校、幼儿园周边不得设置烟、酒、彩票销售网点。禁止向未成年人销售烟、酒、彩票或者兑付彩票奖金。烟、酒和彩票经营者应当在显著位置设置不向未成年人销售烟、酒或者彩票的标志；对难以判明是否是未成年人的，应当要求其出示身份证件。

任何人不得在学校、幼儿园和其他未成年人集中活动的公共场所吸烟、饮酒。

● **相关规定**

《烟草专卖法》第5条；《彩票管理条例》第18条、第26条；《国务院办公厅关于加强中小学幼儿园安全风险防控体系建设的意见》

第六十条　禁止向未成年人提供、销售危险物品

禁止向未成年人提供、销售管制刀具或者其他可能致人严重伤害的器具等物品。经营者难以判明购买者是否是未成年人的，应当要求其出示身份证件。

第六十一条　劳动保护

任何组织或者个人不得招用未满十六周岁未成年人，国家另有规定的除外。

营业性娱乐场所、酒吧、互联网上网服务营业场所等不适宜未成年人活动的场所不得招用已满十六周岁的未成年人。

招用已满十六周岁未成年人的单位和个人应当执行国家在工种、劳动时间、劳动强度和保护措施等方面的规定，不得安排其从事过重、有毒、有害等危害未成年人身心健康的劳动或者

危险作业。

任何组织或者个人不得组织未成年人进行危害其身心健康的表演等活动。经未成年人的父母或者其他监护人同意，未成年人参与演出、节目制作等活动，活动组织方应当根据国家有关规定，保障未成年人合法权益。

● 典型案例

1. 范某等强迫劳动案（《最高法院公布八起侵害未成年人合法权益典型案例》）[①]

被告人范某、李某玮是夫妻关系，租用广州市越秀区王圣堂大街十一巷××号 201 房做手表加工及住宿场所。2013 年 4 月至 10 月期间，被告人范某与李某玮以招工为名，先后从中介处招来钟某（案发时 16 周岁）、苏某园（案发时 13 周岁）、周某（案发时 15 周岁）三名被害人，使用锁门禁止外出的方法强迫三名被害人在该处从事手表组装工作。其间，被告人范某对被害人钟某、周某有殴打行为，被告人李某玮对三名被害人有语言威胁的行为，被告人罗某龙于 2013 年 5 月入职后协助被告人范某看管三名被害人。2013 年 10 月 20 日，经被害人报警，公安人员到场解救了三名被害人，并将被告人范某、李某玮、罗某龙抓获归案。经法医鉴定，被害人钟某和周某的头部、颈部、臂部受伤，损伤程度属轻微伤。

广东省广州市越秀区人民法院经审理认为，被告人范某、李某玮、罗某龙以暴力、胁迫和限制人身自由的方法强迫未成年人劳动，其行为均侵犯了他人的人身权利，共同构成强迫劳动罪，情节严重。

[①] 参见《最高法院公布八起侵害未成年人合法权益典型案例》，载最高人民法院网站，http://www.court.gov.cn/zixun-xiangqing-15294.html，最后访问时间：2025 年 3 月 17 日。

被告人范某在共同犯罪中起主要作用，应认定为主犯；被告人李某玮、罗某龙在共同犯罪中起次要或辅助作用，应认定为从犯，依法应当从轻处罚。被告人范某、李某玮自愿认罪，能如实供述自己的罪行，依法可以从轻处罚。依照刑法有关规定，认定被告人范某犯强迫劳动罪，判处有期徒刑三年，并处罚金10000元；被告人李某玮犯强迫劳动罪，判处有期徒刑十个月，并处罚金5000元；被告人罗某龙犯强迫劳动罪，判处有期徒刑七个月，并处罚金1000元。宣判后，没有上诉、抗诉。判决已发生法律效力。

本案是一起典型的以限制人身自由的方法强迫未成年人劳动的案件。三名被害人在案发时均未成年，最大的16周岁、最小的年仅13周岁。未成年人由于其心智发育尚未成熟，自我保护能力较弱。被告人范某等人专门招收未成年人进行强迫劳动，更凸显了其行为的强迫性和违法性。在目前侵犯未成年人权益的案件频频发生的状况下，国家对未成年人的保护给予了高度重视。最高人民法院《〈刑法修正案（八）〉条文及配套司法解释理解与适用》规定，强迫劳动罪的"情节严重"包括强迫未成年人劳动的情形，不论人数多少。故本案符合"情节严重"的情形，对主犯应在三年以上量刑。本案的三名未成年被害人是因外出贪玩或外出打工而遇险，本案警示家长们一定要特别注意未成年子女在外的人身安全，最好不要让未成年子女独自外出打工。

2. 胡某某、王某某诉德某餐厅、蒋某某等生命权纠纷案（人民法院案例库：2024-18-2-001-002；指导性案例227号）

胡某甲（殁年15周岁）系原告胡某某、王某某之子，其与蒋某某（时年14周岁）、陈某（时年14周岁）系重庆市某中学初中二年级学生。2018年5月19日，胡某甲等人来到重庆市某县德某餐厅为蒋某某庆祝生日，胡某甲提议要喝酒庆祝，蒋某某同意，遂在德某餐厅购买了啤酒，并在该餐厅就餐饮用。胡某甲及蒋某某每人喝了两瓶啤酒后，陈某到达该餐厅。随后，三人又在该餐厅喝了四瓶啤酒。饭后，胡某甲提议外出玩耍，后遇见陈某某、邓某某、张某某、王某甲等四人，七人相约至湖边玩耍。在湖边泡脚戏水过程中，胡某甲不慎后仰溺水。众人试图救援，但未能成功。胡某某、王某某将德某餐厅、其他六名未成年人及其监护人、重庆市某中学等诉至法院，请求共同赔偿胡某甲的死亡赔偿金、丧葬费等损失。另查明，本案共餐和游玩的未成年人均系重庆市某中学初中二年级学生；在日常教学管理中，该中学已经履行教育机构职责，对学生进行了日常安全教育，并完成安全日志、教学笔记等工作。

重庆市垫江县人民法院于2019年3月19日作出民事判决：（1）由被告德某餐厅赔偿原告胡某某、王某某人民币21183.36元；（2）由被告蒋某某的监护人赔偿原告人民币3530.56元；（3）由被告陈某的监护人赔偿原告人民币2824.45元；（4）由被告王某甲的监护人赔偿原告人民币1412.24元；（5）由被告邓某某的监护人赔偿原告人民币2118.34元；（6）由被告陈某某的监护人赔偿原告人民币2118.34元；（7）由被告张某某的监护人赔偿原告人民币2118.34元；（8）被告重庆市某中学等不承担责任。宣判后，胡某某、王某某、德某餐厅不服，提起上诉。重庆市第三中级人民法院于2019年8月8日作出民事判决：驳回上诉，维持原判。

关于本案各被告是否应当对胡某甲的死亡承担赔偿责任的关键在于：各被告基于餐饮经营者、同饮者、同行者等身份在各自的义务范围内是否存在过错，以及该过错与胡某甲溺亡之间是否存在因果关系。

（1）关于原告方的责任判定。胡某甲溺水时为初中二年级学生，对自己的行为已经有了一定的认知及判断能力，且已接受学校日常安全教育。本案中，聚餐时胡某甲主动提议饮酒，饮酒后胡某甲实施了下湖戏水等危险行为，且下湖戏水也系由胡某甲提议。胡某甲对自己的死亡存在重大过错。二原告作为监护人，日常即有放任胡某甲饮酒的情形，且事故发生在周末放假期间，其疏于对胡某甲的管理教育，未履行好监护人职责，对胡某甲的溺亡应当自行承担90%的损失。

（2）关于德某餐厅的责任判定。①关于德某餐厅是否应当对胡某甲的溺亡后果承担侵权责任。2012年修正的《未成年人保护法》第37条规定："禁止向未成年人出售烟酒，经营者应当在显著位置设置不向未成年人出售烟酒的标志；对难以判明是否已成年的，应当要求其出示身份证件……"德某餐厅作为餐饮经营者，违反未成年人保护法的相关规定，向未成年人售酒，具有明显的违法性；德某餐厅既未通过要求酒水购买者出示身份证件等方式审慎判断其未成年人身份，亦未设置不得向未成年人出售烟酒的标志，还放任未成年人在餐厅内饮酒，具有明显过错。德某餐厅违法向胡某甲售酒并供其饮用，客观上增加了损害发生的风险，售酒行为与胡某甲溺亡后果之间具有一定的因果关系。因此，德某餐厅应当承担侵权责任。②关于德某餐厅责任承担形式的判定。本案中，德某餐厅和其他数个行为人之间在胡某甲溺亡这一损害后果产生前，并无共同意思联络，不构成共同侵权，不承担连带责任。售酒行为并非造成溺亡的直接原因，而是与下湖戏水玩耍等行为结合后，才促成损害后果的发生，单独的售酒行为并不能造成全部损害后果，故德某餐厅不应当对全部损害承担责任。德某餐厅向未成年人售酒并供其饮用，增加了未成年人酒后下湖戏水造成人身损害的风险，是导致其溺亡的间接原因。结合其过错程度、原因力大小，法院判决德某餐厅对胡某甲的溺亡承担6%的责任。

（3）关于蒋某某等六名未成年人被告及其监护人的责任判定。蒋某某、陈某、王某甲与胡某甲共同饮酒，酒后蒋某某、陈某、邓某某、陈某某、张某某、王某甲与胡某甲一同到湖边玩耍并参与了下湖泡脚、戏水等危险行为，以上被告均知晓或者应当知晓胡某甲下湖具有危险性，蒋某某、陈某与其共饮，蒋某某、陈某、王某甲、邓某某、陈某某、张某某未制止胡某甲下湖的危险行为，以上被告未能尽到相互照顾、提醒的义务，故对胡某甲的溺亡均应当承担责任。综合考虑蒋某某是生日聚会的组织者并参与饮酒、陈某参与饮酒、王某甲下湖救援及其他人共同以不同形式参与救援，且六名被告均系限制民事行为能力人等情形，法院确定由蒋某某对胡某甲的溺亡承担1%的责任，由陈某对胡某甲的溺亡承担0.8%的责任，由王某甲对胡某甲的溺亡承担0.4%的责任，由邓某某、陈某某、张某某对胡某甲的溺亡各自承担0.6%的责任。因该六名被告均系限制民事行为能力人，侵权责任依法由各自监护人承担。

此外，经营者违反未成年人保护法的相关规定向未成年人售酒，还应依法承担相应行政责任。本案宣判后，人民法院以司法建议方式向相关部门作了提醒。

● *相关规定*

《民法典》第18条；《劳动法》第15条、第58条、第64~65条；《禁止使用童工规定》第2~5条

第六十二条　从业查询

密切接触未成年人的单位招聘工作人员时，应当向公安机关、人民检察院查询应聘者是否具有性侵害、虐待、拐卖、暴力伤害等违法犯罪记录；发现其具有前述行为记录的，不得录用。

> 密切接触未成年人的单位应当每年定期对工作人员是否具有上述违法犯罪记录进行查询。通过查询或者其他方式发现其工作人员具有上述行为的，应当及时解聘。

● *典型案例*

1. **马某虐待被看护人案**（最高人民法院发布《保护未成年人权益十大优秀案例》）

2016年9月，被告人马某（不具备教师资格）通过应聘到河南省某县幼儿园任小班教师。2017年4月18日下午上课期间，马某在该幼儿园小班教室内，以学生上课期间不听话、不认真读书为由，用针分别扎本班多名幼儿的手心、手背等部位。经鉴定，多名幼儿的损伤程度虽均不构成轻微伤，但体表皮肤损伤存在，损伤特点符合具有尖端物体扎刺所致。2017年4月18日，被害幼儿家长报警，当晚马某被公安人员带走，同年4月19日被刑事拘留。在案件审理过程中，被告人马某及其亲属与多名被害幼儿的法定代理人均达成谅解。

法院经审理认为，被告人马某身为幼儿教师，采用针刺手段对多名被看护幼儿进行虐待，情节恶劣，其行为已构成虐待被看护人罪。据此，以虐待被看护人罪依法判处被告人马某有期徒刑二年；禁止其五年内从事未成年人教育工作。同时，人民法院对该县教育局发出司法建议。

近年来，保姆、幼儿园教师、养老院工作人员等具有监护或者看护职责的人员虐待被监护、被看护人的案件时有发生，严重侵害了弱势群体的合法权益，引发社会高度关注。本案中，被告人马某用针对多名幼儿进行扎刺，虽未造成轻微伤，不符合故意伤害罪的法定标准，但其行为对受害幼儿的身心造成了严重伤害。对这种恶劣的虐童行为，人民法院采取"零容忍"态度，依法进行严厉打击，对其判处二年有期徒刑（本罪法定最高刑为三年有期徒刑），对被告人判处从业禁止最高年限五年。本案的判决警示那些具有监护、看护职责的单位和人员，应当依法履职，一切针对被监护、被看护人的不法侵害行为，都将受到法律的惩处；本案也警示幼儿园等具有监护、看护职责的单位应严格加强管理，切实保障被监护、被看护人的合法权益免受不法侵害。

2. 王某显猥亵儿童案（人民法院案例库：2024-02-1-185-001）

被告人王某显系被害人张某某（化名，女，时年10岁）就读的北京某学校聘请的校外指导教师。2021年8月至2022年3月间，王某显在该校综合楼教室内，利用"一对一"单独授课的机会，多次触摸张某某胸部、下体等隐私部位。后经张某某及其家人报案，王某显于2022年3月31日被公安机关抓获归案。北京市海淀区人民法院于2022年11月15日以（2022）京0108刑初1062号刑事判决，认定被告人王某显犯猥亵儿童罪，判处有期徒刑六年，禁止王某显从事密切接触未成年人的工作。宣判后，在法定期限内没有上诉、抗诉，判决已发生法律效力。

法院生效判决认为：被告人王某显对不满14周岁的女童实施猥亵，其行为已构成猥亵儿童罪。王某显作为学校聘用的教学辅助人员，系对未成年人负有特殊职责的专业教职人员，多次性侵害不满12周岁的女童，严重违背职业道德，应予严惩。依据《未成年人保护法》第62条的规定，还应判决禁止其从事密切接触未成年人的工作。

● **相关规定**

《未成年人法律援助服务指引（试行）》第18条；《教育部办公厅关于进一步加强中小学（幼儿园）预防性侵害学生工作的通知》；《关于建立教职员工准入查询性侵违法犯罪信息制度的意见》

第六十三条　通信自由和通信秘密

任何组织或者个人不得隐匿、毁弃、非法删除未成年人的信件、日记、电子邮件或者其他网络通讯内容。

除下列情形外，任何组织或者个人不得开拆、查阅未成年人的信件、日记、电子邮件或者其他网络通讯内容：

（一）无民事行为能力未成年人的父母或者其他监护人代未成年人开拆、查阅；

（二）因国家安全或者追查刑事犯罪依法进行检查；

（三）紧急情况下为了保护未成年人本人的人身安全。

● **实用问答**

问：何种情形可以开拆、查阅未成年人的信件、日记、电子邮件或者其他网络通讯内容？

答：根据本条第2款的规定，任何组织或者个人不得开拆、查阅未成年人的信件、日记、电子邮件或者其他网络通讯内容。对于该规定有三个例外情形：一是无民事行为能力未成年人的父母或者其他监护人代未成年人开拆、查阅，这是监护人正常履行监护职责的内容。二是因国家安全或者追查刑事犯罪依法进行检查。例如，《国家安全法》第77条中规定，公民和组织应当如实提供所知悉的涉及危害国家安全活动的证据，为国家安全工作提供便利条件或者其他协助，向国家安全机关、公安机关和有关军事机关提供必要的支持和协助。三是紧急情况下为了保护未成年人本人的人身安全。例如，在未成年人下落不明时为了查找其下落，通过恰当方式查阅其网络通讯内容等信息，是出于保护其人身安全的需要，不侵犯其隐私权和通信秘密。

● **相关规定**

《宪法》第 40 条；《民法典》第 110~111 条；《刑法》第 252~253 条

第五章　网络保护

第六十四条　**网络素养**

国家、社会、学校和家庭应当加强未成年人网络素养宣传教育，培养和提高未成年人的网络素养，增强未成年人科学、文明、安全、合理使用网络的意识和能力，保障未成年人在网络空间的合法权益。

● **典型案例**

1. 被告人王某利用网络强奸被判死刑案（《最高人民法院发布依法严惩侵害未成年人权益典型案例》）

2013 年 4 月至 2014 年 8 月，被告人王某通过网络聊天、电话联系等方式，或经张某（另案处理，已判刑）、侯某某（未满 14 周岁）等人介绍，以暴力、胁迫等强制手段强行与多名未成年被害人发生性关系，或明知多名被害人是不满 14 周岁的幼女仍与之发生性关系，先后对 14 名被害人实施奸淫 23 次，其中不满 14 周岁的幼女 11 人。

法院经审理认为，被告人王某采用暴力、胁迫手段强行与多名未成年被害人发生性关系，或明知多名被害人是未满 14 周岁的幼女仍与其发生性关系，其行为已构成强奸罪。王某系累犯，依法应当从重处罚。被告人王某的行为致使被害人的身心受到极大摧残，其犯罪性质和情节极其恶劣，社会危害极大，罪行极其严重，应当予以严惩。

依照《刑法》等相关规定,以强奸罪判处被告人王某死刑,剥夺政治权利终身。最高人民法院经复核,依法核准被告人死刑。

本案系一起典型的利用网络平台,以威逼利诱等方式,利用未成年少女和幼女自我保护意识弱,对之实施性侵害的刑事案件。在本案中,王某预谋犯罪时即选择在校学生作为奸淫对象,被害人案发时均系小学或初中在校学生,其行为挑战社会伦理道德底线,主观动机极其卑劣。王某的行为虽未造成被害人重伤或死亡,但对被害人生理心理造成严重摧残,社会危害性极大,影响极其恶劣。对王某判处并执行死刑,是严格公正司法的必然要求,是彰显公平正义的必然要求。

2. 李某某猥亵儿童案(《河北省高级人民法院发布2021年度第二批未成年人保护典型案例》)[①]

2020年6月11日,被告人李某某与被害人孙某某(2007年3月5日出生)相互添加为QQ好友,双方聊天中孙某某告诉李某某其上初中一年级,属相猪,被告人李某某在明知孙某某不满14周岁的情况下,诱骗孙某某通过QQ向其发送裸体照片、视频。同年6月19日,孙某某用手机自拍裸体视频3段、裸照1张,通过QQ发送给李某某,李某某将上述视频、照片保存于自己手机中供自己观看。同年6月21日18时22分,被告人李某某将孙某某诱骗至自己家中,对孙某某实施猥亵。

被告人李某某为满足性刺激,违背儿童意志,诱骗儿童拍摄裸体敏感部位照片、视频供其观看;采用暴力、威胁手段对儿童实施猥

[①] 参见《河北省高级人民法院发布2021年度第二批未成年人保护典型案例》,载河北法院网,http://www.hebeicourt.gov.cn/article/detail/2021/11/id/6400366.shtml,最后访问时间:2025年3月17日。下文同一出处案例不再特别提示。

亵，其行为侵犯了儿童的人格、名誉和身心健康，已构成猥亵儿童罪。法院判决被告人李某某犯猥亵儿童罪，判处有期徒刑三年。

随着网络技术的发展，通过网络对儿童实施猥亵成为一种新型犯罪。近年来借用网络工具实施非直接身体接触的猥亵行为日益增多，与传统的猥亵行为同样具有社会危害性，并且往往会进一步发展为接触式猥亵甚至强奸。网络空间不是法外之地，对网络猥亵犯罪应保持"零容忍"态度进行严厉打击。同时要加强对网络猥亵等犯罪的防范，家庭、学校、社会都要向少年儿童多加提醒、教育，保护其身心健康发展。

3. 陈某犯强奸罪案（《江苏高院公布十个未成年人受侵害的刑事审判案例》）

2013年5月，被告人陈某通过互联网QQ聊天软件认识了高某（女，2000年1月14日出生）。同年7月10日，被告人陈某至南京与高某见面，并入住南京市玄武区某宾馆。同年7月12日、15日，被告人陈某在明知高某未满14周岁的情况下，仍多次在宾馆与高某发生性关系。同年7月15日晚，高某父亲至宾馆与被告人陈某理论，并打电话报警。被告人陈某明知高某父亲报警，仍在现场等待，抓捕时无拒捕行为，归案后如实供述了上述事实。

南京市玄武区人民法院经审理认为，被告人陈某在明知高某是不满14周岁幼女的情况下，仍多次与其发生性关系，其行为构成强奸罪，依法应承担刑事责任。陈某明知高某父亲报警，仍在现场等待，归案后如实供述，可认定为自首，可依法从轻处罚。陈某系初犯，归案后认罪态度较好，能认罪悔罪，可酌情从轻处罚。依法判决被告人陈某犯强奸罪，判处有期徒刑三年六个月。宣判后，陈某上诉，提出一审量刑畸重。南京市中级人民法院经审理认为，原审人民法院认定上诉人陈某犯强奸罪的事实清楚，定罪准确，结合陈某犯罪的事实、性质、情节和对社会的危害程度对其所作量刑适当，依法应予维持。

QQ、微信作为一种新型社交工具，在方便人们交往的同时，也潜藏危机。未成年人大多缺少防范和自我保护意识，容易受骗。犯罪人往往利用这一点，通过QQ、微信骗取信任后，伺机实施犯罪行为。本案中，被告人陈某通过QQ结识高某，骗取信任后，对高某实施奸淫，严重侵犯了未成年人的合法权益。为防范犯罪，未成年人应增强自我保护意识，不随意公开自己的信息，不轻易接受陌生人的见面邀请。未成年人的法定监护人及学校等教育机构亦应加强未成年人个人防范意识的教育，积极引导未成年人进行健康有益的社交方式，以杜绝此类案件的发生。

● *相关规定*

《未成年人网络保护条例》第1~8条

第六十五条　健康网络内容创作与传播

国家鼓励和支持有利于未成年人健康成长的网络内容的创作与传播，鼓励和支持专门以未成年人为服务对象、适合未成年人身心健康特点的网络技术、产品、服务的研发、生产和使用。

● *相关规定*

《网络安全法》第13条；《未成年人网络保护条例》第11条、第12条、第21条

第六十六条　监督检查和执法

网信部门及其他有关部门应当加强对未成年人网络保护工作的监督检查,依法惩处利用网络从事危害未成年人身心健康的活动,为未成年人提供安全、健康的网络环境。

● **条文注释**

本条是关于网信等部门监督检查等执法职责的规定,包括两个方面的内容:一方面,网信部门和其他有关部门是监督检查和执法主体。其中网信部门是监督执法的主责部门,其他部门应当根据自身的职责积极主动履职,加强执法监管。另一方面,关于监督检查和惩处措施。相关部门对于监督检查和执法活动中发现的问题,根据情况依法采取多种处理方式,包括约谈、责令限期整改、停止相关功能、全面下架、停止互联网接入服务、罚款、曝光违法违规案例等。

● **相关规定**

《网络安全法》第 8 条;《未成年人网络保护条例》第 3 条、第 7 条、第 8 条、第 10 条、第 17 条、第 19 条、第 20 条、第 39 条、第 48 条、第 53 条、第 55 条

第六十七条　可能影响健康的网络信息

网信部门会同公安、文化和旅游、新闻出版、电影、广播电视等部门根据保护不同年龄阶段未成年人的需要,确定可能影响未成年人身心健康网络信息的种类、范围和判断标准。

● **相关规定**

《广告法》第 10 条;《未成年人网络保护条例》第 21~30 条

第六十八条　沉迷网络的预防和干预

新闻出版、教育、卫生健康、文化和旅游、网信等部门应当定期开展预防未成年人沉迷网络的宣传教育，监督网络产品和服务提供者履行预防未成年人沉迷网络的义务，指导家庭、学校、社会组织互相配合，采取科学、合理的方式对未成年人沉迷网络进行预防和干预。

任何组织或者个人不得以侵害未成年人身心健康的方式对未成年人沉迷网络进行干预。

● **典型案例**

被告人刘某某提供虚假网络技术诈骗案（最高人民法院发布《利用互联网侵害未成年人权益的典型案例》）

2015年8月，被告人刘某某在互联网发布传授入侵他人电脑技术、教做外挂及教他人用代码开通永久会员等虚假信息，以招收学员骗取费用。被害人张某某（10岁，在校学生）浏览该信息后，通过QQ与刘某某取得联系，并用其父手机通过"支付宝"向刘某某付费，欲学习网络游戏技术，刘某某谎称可以向张某某提供游戏源代码以帮其在网络游戏中获益。而后，刘某某通过互联网多次向张某某出售与其宣传不符或不能使用的"网游外挂"及配套使用的"模块"，骗取张某某付款共计人民币133079.6元。案发后，刘某某亲属向张某某亲属退赔全部经济损失，张某某对刘某某表示谅解。

人民法院经审理认为，被告人刘某某以非法占有为目的，利用互联网发布虚假信息多次骗取他人现金，数额巨大，其行为已构成诈骗罪。刘某某利用互联网发布虚假信息，对不特定多数人实施诈骗，可酌情从严惩处。刘某某被抓获后如实供述犯罪事实，亲属代其退赔全部经济损失，获得被害人谅解，依法可从轻处罚。依据刑法有关规定，判决被告人刘某某犯诈骗罪，判处有期徒刑三年，并处罚金人民币5000元。

随着我国互联网迅猛发展，网民规模越来越大，网络用户呈低龄化的特点。青少年由于缺乏独立经济能力，又有一定消费需求，加上身心发展尚未成熟，对虚拟网络交易风险缺乏防范意识，很容易成为网络诈骗分子的"囊中之物"。本案被告人利用被害人未成年、社会经验不足，加之被害人家长对孩子日常生活交易常识缺乏教育、引导和监督，轻易利用互联网骗取张某某13万余元。本案警示：家长要依法履行监护责任，对未成年人使用电子产品和互联网的时间和内容等要进行引导、监督；要配合电子产品有关功能，及时了解子女用网安全；对孩子可能接触到的大额财物要严加管理，避免陷入网络诈骗。

● **相关规定**

《未成年人网络保护条例》第39~49条；《网络音视频信息服务管理规定》第7条；《教育部办公厅关于做好预防中小学生沉迷网络教育引导工作的紧急通知》；《国家新闻出版署关于防止未成年人沉迷网络游戏的通知》

第六十九条 网络保护软件

学校、社区、图书馆、文化馆、青少年宫等场所为未成年人提供的互联网上网服务设施，应当安装未成年人网络保护软件或者采取其他安全保护技术措施。

智能终端产品的制造者、销售者应当在产品上安装未成年人网络保护软件，或者以显著方式告知用户未成年人网络保护软件的安装渠道和方法。

● **条文注释**

　　本条就如何普及和推广使用未成年人保护软件等安全保护措施作出规定。一是学校、社区、图书馆、文化馆、青少年宫等场所为未成年人提供互联网上网服务设施时，应当安装未成年人网络保护软件或者采取其他安全保护技术措施。二是智能终端产品的制造者、销售者应当在产品上安装未成年人网络保护软件，或者以显著方式告知用户未成年人网络保护软件的安装渠道和方法。根据这一要求，在制造和销售笔记本、手机等智能终端产品时，或者预先安装未成年人保护软件，或者以显著方式告知用户安装未成年人保护软件的渠道和方法，否则智能终端产品属于不合格产品，不得销售。

● **相关规定**

　　《未成年人网络保护条例》第 15 条、第 18~19 条

第七十条　学校对未成年学生沉迷网络的预防和处理

　　学校应当合理使用网络开展教学活动。未经学校允许，未成年学生不得将手机等智能终端产品带入课堂，带入学校的应当统一管理。

　　学校发现未成年学生沉迷网络的，应当及时告知其父母或者其他监护人，共同对未成年学生进行教育和引导，帮助其恢复正常的学习生活。

● **相关规定**

　　《未成年人网络保护条例》第 5 条、第 14~16 条、第 40 条；《教育部办公厅关于做好预防中小学生沉迷网络教育引导工作的紧急通知》

第七十一条　监护人的网络保护义务

未成年人的父母或者其他监护人应当提高网络素养,规范自身使用网络的行为,加强对未成年人使用网络行为的引导和监督。

未成年人的父母或者其他监护人应当通过在智能终端产品上安装未成年人网络保护软件、选择适合未成年人的服务模式和管理功能等方式,避免未成年人接触危害或者可能影响其身心健康的网络信息,合理安排未成年人使用网络的时间,有效预防未成年人沉迷网络。

● **典型案例**

被告人庞某甲等人约网友见面强奸案（最高人民法院发布《利用互联网侵害未成年人权益的典型案例》）

2013年6月,被告人庞某甲（15岁）与被告人庞某乙（18岁）、周某甲（18岁）、周某乙（15岁）、黄某某（15岁）在旅社房间住宿期间,庞某甲提议并经过同意后,通过QQ联系其在互联网上认识的被害人李某（女,13岁,在校学生）到旅社房间。李某到达后随即被庞某甲、庞某乙、周某甲、周某乙、黄某某在房间内强行奸淫。另以相同方式,庞某甲、庞某乙还曾共同强奸李某1次,其中庞某乙强奸未遂；庞某甲还曾单独强奸李某1次。

人民法院经审理认为,被告人庞某甲单独或分别伙同被告人庞某乙、被告人周某甲、被告人周某乙、被告人黄某某以暴力、威胁手段对同一幼女实施奸淫,其行为均已构成强奸罪。庞某甲、庞某乙、周某甲、周某乙、黄某某,奸淫未满14周岁的幼女,庞某甲多次强奸未成年人,依法应从重处罚。庞某甲、周某乙、黄某某犯罪时不满18周岁；周某乙能自动投案并如实供述犯罪事实,有自首情节；黄某某被抓获后如实供述犯罪事实；庞某乙、周某甲、周某乙、黄某某赔偿被害人经济损失，并获得被害人谅解，依法对庞某甲、庞某乙、周某甲从轻处罚，对周某乙、黄某某减轻处罚。依据《刑法》有关规定，判决被告人庞某甲犯强奸罪，判处有期徒刑十年六个月；判决被告人庞某乙犯强奸罪，判处有期徒刑十年五个月，剥夺政治权利两年；判决被告人周某甲犯强奸罪，判处有期徒刑十年四个月，剥夺政治权利两年；判决被告人周某乙犯强奸罪，判处有期徒刑七年；判决被告人黄某某犯强奸罪，判处有期徒刑七年。

本案是一起利用网络聊天邀约未成年女学生见面后发生的严重强奸犯罪案件。随着网络科技应用普及，网络交友的便捷、新鲜感使得许多青少年频繁在网络上通过聊天软件交友，又从网上聊天走到现实见面交往。但是未成年人涉世未深，自我保护意识不强，对陌生人防范意识不强，尤其是未成年女性只身与网友见面存在诸多人身安全风险。本案被告人就是在网上邀约一名幼女见面后，与同案被告人对该幼女实施了多人轮奸犯罪行为。虽然被告人被绳之以法，但已对被害人造成了无法弥补的身心伤害。本案警示：未成年人不宜使用互联网社交网络平台与陌生人交友，切莫单独与网友见面；在遭受侵害后，应立即告知家人并报警，不能因害怕而隐瞒，更不能因恐惧或欺骗再次与网友见面。家庭和学校应加强对未成年人法治教育和德育教育，尤其要提高未成年女学生的人身安全保护意识；及时了解子女网上交友情况。旅店应履行安全管理义务，加强对入住人员审查，尤其要对未与家长同行的未成年人或数名青少年集体开房情况予以警惕，防止违法犯罪情况发生。

● 相关规定

《未成年人网络保护条例》第17条、第19条、第33条

第七十二条　个人信息处理规定以及更正权、删除权

信息处理者通过网络处理未成年人个人信息的，应当遵循合法、正当和必要的原则。处理不满十四周岁未成年人个人信息的，应当征得未成年人的父母或者其他监护人同意，但法律、行政法规另有规定的除外。

未成年人、父母或者其他监护人要求信息处理者更正、删除未成年人个人信息的，信息处理者应当及时采取措施予以更正、删除，但法律、行政法规另有规定的除外。

● **实用问答**

问：未成年人的个人信息的概念及范围是什么？

答：根据《民法典》第1034条第2款的规定，个人信息是以电子或者其他方式记录的能够单独或者与其他信息结合识别特定自然人的各种信息，包括自然人的姓名、出生日期、身份证件号码、生物识别信息、住址、电话号码、电子邮箱、健康信息、行踪信息等。

● **相关规定**

《民法典》第1035条；《网络安全法》第13条；《未成年人网络保护条例》第32~38条

第七十三条　私密信息的提示和保护义务

网络服务提供者发现未成年人通过网络发布私密信息的，应当及时提示，并采取必要的保护措施。

● **相关规定**

《民法典》第1032~1033条；《未成年人网络保护条例》第38条

第七十四条　预防网络沉迷的一般性规定

网络产品和服务提供者不得向未成年人提供诱导其沉迷的产品和服务。

网络游戏、网络直播、网络音视频、网络社交等网络服务提供者应当针对未成年人使用其服务设置相应的时间管理、权限管理、消费管理等功能。

以未成年人为服务对象的在线教育网络产品和服务，不得插入网络游戏链接，不得推送广告等与教学无关的信息。

● *典型案例*

刘某诉某科技公司合同纠纷案（最高人民法院公布《未成年人司法保护典型案例》）

刘某生于2002年，初中辍学。2018年10月23日至2019年1月5日，刘某使用父母用于生意资金流转的银行卡，多次向某科技公司账户转账用于打赏直播平台主播，打赏金额高达近160万元。刘某父母得知后，希望某科技公司能退还全部打赏金额，遭到该公司拒绝。后刘某诉至法院要求某科技公司返还上述款项。

法院在审理该案中，多次组织双方当事人调解，经过耐心细致的办法析理，最终当事双方达成庭外和解，刘某申请撤回起诉，某科技公司自愿返还近160万元打赏款项并已经履行完毕。

本案是一起典型的未成年人参与直播打赏案例。司法实践中涉及的网络打赏、网络游戏纠纷，多数是限制行为能力人，也就是8周岁以上的未成年人。这些人在进行网络游戏或者打赏时，有的几千元、几万元，这显然与其年龄和智力水平不相适应，在未得到法定代理人追认的情况下，其行为依法应当是无效的。根据相关规定，限制民事行为能力人未经其监护人同意，参与网络付费游戏或者网络直播平台"打赏"等方式支出与其年龄、智力不相适应的款项，监护人请求网络服务提供者返还该款项的，人民法院应予支持。该规定更多地考量了对未成年人合法权益的保护，同时引导网络公司进一步强化社会责任，为未成年人健康成长营造良好网络环境。

● *相关规定*

《未成年人学校保护规定》第 34 条

第七十五条 **网络游戏服务提供者的义务**

> 网络游戏经依法审批后方可运营。
>
> 国家建立统一的未成年人网络游戏电子身份认证系统。网络游戏服务提供者应当要求未成年人以真实身份信息注册并登录网络游戏。
>
> 网络游戏服务提供者应当按照国家有关规定和标准，对游戏产品进行分类，作出适龄提示，并采取技术措施，不得让未成年人接触不适宜的游戏或者游戏功能。
>
> 网络游戏服务提供者不得在每日二十二时至次日八时向未成年人提供网络游戏服务。

● *相关规定*

《网络安全法》第 24 条；《未成年人网络保护条例》第 43~48 条

第七十六条 **网络直播服务提供者的义务**

> 网络直播服务提供者不得为未满十六周岁的未成年人提供网络直播发布者账号注册服务；为年满十六周岁的未成年人提供

网络直播发布者账号注册服务时，应当对其身份信息进行认证，并征得其父母或者其他监护人同意。

● **相关规定**

《民法典》第18条；《未成年人网络保护条例》第31条、第43~45条；《互联网直播服务管理规定》第12条

第七十七条　禁止实施网络欺凌

任何组织或者个人不得通过网络以文字、图片、音视频等形式，对未成年人实施侮辱、诽谤、威胁或者恶意损害形象等网络欺凌行为。

遭受网络欺凌的未成年人及其父母或者其他监护人有权通知网络服务提供者采取删除、屏蔽、断开链接等措施。网络服务提供者接到通知后，应当及时采取必要的措施制止网络欺凌行为，防止信息扩散。

● **典型案例**

施某通过裸贷敲诈勒索案（最高人民法院发布《利用互联网侵害未成年人权益的典型案例》）

2017年3月30日，被害人陈某（17岁，在校学生）通过QQ交流平台联系到被告人施某进行贷款。根据施某要求，陈某提供了裸照及联系方式，但施某并未贷款给陈某，而是以公开裸照信息威胁陈某，勒索人民币1000元，陈某一直未付款。施某进一步威胁陈某父母并索要人民币3000元，陈某家人未付款而向公安机关报案。因施某的敲诈行为，陈某害怕亲朋好友收到其裸照信息，故而休学在家，

学习生活及心理健康遭受严重影响。

人民法院经审理认为，施某无视国家法律，以非法占有为目的，敲诈勒索他人财物，数额较大，其行为已构成敲诈勒索罪。施某敲诈勒索未成年人，可从重处罚。施某在犯罪过程中因意志以外的原因而未得逞，属于犯罪未遂，结合其被抓获后如实供述犯罪事实，依法可从轻处罚。依据刑法有关规定，判决施某犯敲诈勒索罪，判处有期徒刑十个月，并处罚金人民币2000元。

"裸贷"是非法分子借用互联网金融和社交工具为平台和幌子，以让贷款人拍摄"裸照"作"担保"，非法发放高息贷款的行为。因"裸贷"被诈骗、被敲诈勒索的，时有发生。"裸贷"就像一个大坑，一旦陷入，后果不堪设想，有人失去尊严，有人被迫出卖肉体，有人甚至失去生命。本案警示：未成年人或者在校学生应当理性消费，如有债务危机，应当及时和家长沟通或者通过合法途径解决，不能自作主张进行网络贷款。以"裸"换"贷"，既有违公序良俗，也容易让自己沦为严重违法犯罪的受害者。对于已经"裸贷"的，如果遇到以公开自己裸照进行要挟的行为，一定要及时报警，寻求法律保护。

● **相关规定**

《未成年人网络保护条例》第26条；《关于进一步加强对网上未成年人犯罪和欺凌事件报道管理的通知》；《关于防治中小学生欺凌和暴力的指导意见》

第七十八条　接受投诉、举报

网络产品和服务提供者应当建立便捷、合理、有效的投诉和举报渠道，公开投诉、举报方式等信息，及时受理并处理涉及未成年人的投诉、举报。

● *相关规定*

《网络安全法》第47条;《民法典》第1195条;《未成年人网络保护条例》第7条

第七十九条　投诉、举报权

任何组织或者个人发现网络产品、服务含有危害未成年人身心健康的信息,有权向网络产品和服务提供者或者网信、公安等部门投诉、举报。

● *相关规定*

《未成年人网络保护条例》第8条

第八十条　对用户行为的安全管理义务

网络服务提供者发现用户发布、传播可能影响未成年人身心健康的信息且未作显著提示的,应当作出提示或者通知用户予以提示;未作出提示的,不得传输相关信息。

网络服务提供者发现用户发布、传播含有危害未成年人身心健康内容的信息的,应当立即停止传输相关信息,采取删除、屏蔽、断开链接等处置措施,保存有关记录,并向网信、公安等部门报告。

网络服务提供者发现用户利用其网络服务对未成年人实施违法犯罪行为的,应当立即停止向该用户提供网络服务,保存有关记录,并向公安机关报告。

● *条文注释*

本法从保护未成年人工作实际出发,在对网络信息进行原则区分的基础上，针对不同内容的网络信息作了不同规定：一是对于有利于未成年人健康成长的网络信息，本法第 48 条中规定，国家鼓励制作和传播有利于未成年人健康成长的网络信息。二是对于可能影响未成年人身心健康的网络信息，本法第 51 条中规定，任何组织或者个人发布、传播的网络信息，包含可能影响未成年人身心健康内容的，应当以显著方式作出提示。三是对于危害未成年人身心健康的网络信息，本法第 50 条中规定，禁止制作、复制、发布、传播含有宣扬淫秽、色情、暴力、邪教、迷信、赌博、引诱自杀、恐怖主义、分裂主义、极端主义等危害未成年人身心健康内容的网络信息。因此，本条规定的网络服务提供者对用户发布信息的安全管理义务，根据上述网络信息分类，对可能影响未成年人健康成长的信息和危害未成年人健康成长的信息分别作了规定。

● **相关规定**

《网络安全法》第 12 条、第 47 条；《网络信息内容生态治理规定》第 10 条

第六章　政　府　保　护

第八十一条　政府、基层自治组织未成年人保护工作的落实主体

县级以上人民政府承担未成年人保护协调机制具体工作的职能部门应当明确相关内设机构或者专门人员，负责承担未成年人保护工作。

乡镇人民政府和街道办事处应当设立未成年人保护工作站或者指定专门人员，及时办理未成年人相关事务；支持、指导居民委员会、村民委员会设立专人专岗，做好未成年人保护工作。

典型案例

某民政局诉刘某监护权纠纷案（最高人民法院公布《未成年人司法保护典型案例》）

2018年7月22日，刘某在医院生育一名女婴后，于同月24日将该女婴遗弃在医院女更衣室内。女婴被发现后由民政局下属的某儿童福利院代为抚养。公安局经调查发现，刘某还曾在2015年1月29日，将其所生的一名男婴遗弃在居民楼内。民政局向法院提起诉讼，以刘某犯遗弃罪，已不适合履行监护职责，申请撤销刘某的监护权，民政局愿意承担该女婴的监护责任，指定其下属的某儿童福利院抚养女婴。

法院经审理认为，刘某将出生三天的未成年子女遗弃，拒绝抚养，严重侵害被监护人的合法权益，符合撤销监护人资格的情形。被监护人自被生母刘某遗弃以来，某儿童福利院代为抚养至今，综合考虑被监护人生父不明、刘某父母年龄和经济状况、村民委员会的具体情况，由民政部门取得被监护人的监护权，更有利于保护被监护人的生存、医疗、教育等合法权益。综上，法院判决撤销刘某的监护权，指定民政局作为该名女婴的监护人。其后，刘某被法院以遗弃罪判处刑罚。

本案的典型意义在于：父母是未成年子女的法定监护人，有保护被监护人的身体健康，照顾被监护人的生活，管理和教育被监护人的法定职责。监护权既是一种权利，更是一种法定义务。父母不依法履行监护职责，严重侵害被监护人合法权益的，有关个人或组织可以根据依法申请撤销其监护人资格，并依法指定监护人。在重新指定监护人时，如果没有依法具有监护资格的人，一般由民政部门担任监护人，也可以由具备履行监护职责条件的被监护人住所地的居民委员会、村民委员会担任。国家机关和社会组织兜底监护是家庭监护的重要补充，是保护未成年人合法权益的坚强后盾。未成年人的健康成长不仅需要司法及时发挥防线作用，更需要全社会协同发力，建立起全方位的权益保障体系，为国家的希望和未来保驾护航。

● *相关规定*

《国务院关于加强困境儿童保障工作的意见》

第八十二条　家庭教育指导服务

各级人民政府应当将家庭教育指导服务纳入城乡公共服务体系，开展家庭教育知识宣传，鼓励和支持有关人民团体、企业事业单位、社会组织开展家庭教育指导服务。

第八十三条　政府保障未成年人受教育的权利

各级人民政府应当保障未成年人受教育的权利，并采取措施保障留守未成年人、困境未成年人、残疾未成年人接受义务教育。

对尚未完成义务教育的辍学未成年学生，教育行政部门应当责令父母或者其他监护人将其送入学校接受义务教育。

● *相关规定*

《宪法》第46条；《义务教育法》第13条、第58条

第八十四条　发展托育、学前教育事业

各级人民政府应当发展托育、学前教育事业，办好婴幼儿照护服务机构、幼儿园，支持社会力量依法兴办母婴室、婴幼儿照护服务机构、幼儿园。

县级以上地方人民政府及其有关部门应当培养和培训婴幼儿照护服务机构、幼儿园的保教人员，提高其职业道德素质和业务能力。

● *相关规定*

《国务院办公厅关于促进3岁以下婴幼儿照护服务发展的指导意见》

第八十五条　职业教育及职业技能培训

各级人民政府应当发展职业教育，保障未成年人接受职业教育或者职业技能培训，鼓励和支持人民团体、企业事业单位、社会组织为未成年人提供职业技能培训服务。

● *相关规定*

《宪法》第19条；《教育法》第20条

第八十六条　残疾未成年人接受教育的权利

各级人民政府应当保障具有接受普通教育能力、能适应校园生活的残疾未成年人就近在普通学校、幼儿园接受教育；保障不具有接受普通教育能力的残疾未成年人在特殊教育学校、幼儿园接受学前教育、义务教育和职业教育。

各级人民政府应当保障特殊教育学校、幼儿园的办学、办园条件，鼓励和支持社会力量举办特殊教育学校、幼儿园。

● *相关规定*

《残疾人保障法》第24~25条

第八十七条　政府保障校园安全

地方人民政府及其有关部门应当保障校园安全，监督、指导学校、幼儿园等单位落实校园安全责任，建立突发事件的报告、处置和协调机制。

● *相关规定*

《中小学幼儿园安全管理办法》第6~7条

第八十八条　政府保障校园周边安全

公安机关和其他有关部门应当依法维护校园周边的治安和交通秩序，设置监控设备和交通安全设施，预防和制止侵害未成年人的违法犯罪行为。

● *相关规定*

《中小学幼儿园安全管理办法》第50条

第八十九条　未成年人活动场所建设和维护、学校文化体育设施的免费或者优惠开放

地方人民政府应当建立和改善适合未成年人的活动场所和设施，支持公益性未成年人活动场所和设施的建设和运行，鼓励社会力量兴办适合未成年人的活动场所和设施，并加强管理。

地方人民政府应当采取措施，鼓励和支持学校在国家法定节假日、休息日及寒暑假期将文化体育设施对未成年人免费或者优惠开放。

地方人民政府应当采取措施，防止任何组织或者个人侵占、

破坏学校、幼儿园、婴幼儿照护服务机构等未成年人活动场所的场地、房屋和设施。

● *相关规定*

《公共文化体育设施条例》第17条

第九十条 卫生保健、传染病防治和心理健康

各级人民政府及其有关部门应当对未成年人进行卫生保健和营养指导,提供卫生保健服务。

卫生健康部门应当依法对未成年人的疫苗预防接种进行规范,防治未成年人常见病、多发病,加强传染病防治和监督管理,做好伤害预防和干预,指导和监督学校、幼儿园、婴幼儿照护服务机构开展卫生保健工作。

教育行政部门应当加强未成年人的心理健康教育,建立未成年人心理问题的早期发现和及时干预机制。卫生健康部门应当做好未成年人心理治疗、心理危机干预以及精神障碍早期识别和诊断治疗等工作。

● *相关规定*

《基本医疗卫生与健康促进法》第28条、第36条;《中小学幼儿园安全管理办法》第9条

第九十一条 对困境未成年人实施分类保障

各级人民政府及其有关部门对困境未成年人实施分类保障,采取措施满足其生活、教育、安全、医疗康复、住房等方面的基本需要。

● **相关规定**

《国务院关于加强农村留守儿童关爱保护工作的意见》；《国务院关于加强困境儿童保障工作的意见》

第九十二条　民政部门临时监护

具有下列情形之一的，民政部门应当依法对未成年人进行临时监护：

（一）未成年人流浪乞讨或者身份不明，暂时查找不到父母或者其他监护人；

（二）监护人下落不明且无其他人可以担任监护人；

（三）监护人因自身客观原因或者因发生自然灾害、事故灾难、公共卫生事件等突发事件不能履行监护职责，导致未成年人监护缺失；

（四）监护人拒绝或者怠于履行监护职责，导致未成年人处于无人照料的状态；

（五）监护人教唆、利用未成年人实施违法犯罪行为，未成年人需要被带离安置；

（六）未成年人遭受监护人严重伤害或者面临人身安全威胁，需要被紧急安置；

（七）法律规定的其他情形。

● **实用问答**

问：如何理解本条规定的"法律规定的其他情形"？

答：临时监护不是长期监护，而是为了解决未成年人暂时缺乏监护的困境而确定临时监护主体。至于"法律规定的其他情形"，包括但不限于《民法典》第 31 条规定的情形，即对监护人的确定有争议的，在依法指定监护人前，被监护人的人身权利、财产权利以及其他合法权益处于无人保护状态的，由被监护人住所地的居民委员会、村民委员会、法律规定的有关组织或者民政部门担任临时监护人。

● **相关规定**

《民法典》第 31 条、第 34 条、第 36 条；《社会救助暂行办法》第 50 条；《城市生活无着的流浪乞讨人员救助管理办法》第 5 条

第九十三条　临时监护的具体方式

对临时监护的未成年人，民政部门可以采取委托亲属抚养、家庭寄养等方式进行安置，也可以交由未成年人救助保护机构或者儿童福利机构进行收留、抚养。

临时监护期间，经民政部门评估，监护人重新具备履行监护职责条件的，民政部门可以将未成年人送回监护人抚养。

● **典型案例**

陈某与某市社会福利中心收养关系纠纷案（《福建法院未成年人权益保护典型案例》）

2021 年 2 月 25 日，陈某与某市社会福利中心下属某市儿童福利院签订《抚养协议》，约定由陈某夫妇抚养儿童于某至成年，于某因身份问题无法办理收养手续，监护权仍归厦门市儿童福利院。7 月 9 日，福利院经评估，认为陈某家庭在人均居住面积等方面不符合寄养条件，不适宜养育于某。7 月 14 日，福利院工作人员前往陈某家中接回于某，陈某在《抚养协议》尾部注明"于 2021 年 7 月 14 日（不）

终止抚养协议",陈某夫妇在协议中签名捺印。陈某起诉主张协议未解除,福利中心应继续履行,福利中心辩称协议已解除。法官审理查明,陈某系残疾人,其妻子张某系主要照料人,于某在陈某家中寄养时曾走失。案件审理期间,陈某、张某离婚,张某声明放弃就本案享有的权利,于某通过录制视频表示不愿意回到陈某家中寄养。

厦门中院经审理认为,《抚养协议》尾部"于2021年7月14日(不)终止抚养协议"为陈某亲笔书写,其中"不"字事后添加的痕迹明显,陈某如无意解除协议并无需书写该内容,故可认定双方自愿解除协议。退一步,即使双方未合意解除协议,福利中心亦有权单方解除。《抚养协议》实为寄养协议,根据《家庭寄养管理办法》第2条规定,家庭寄养指的是经过规定的程序将民政部门监护的儿童委托在符合条件的家庭中养育的照料模式,也即寄养是委托抚养行为,根据《民法典》第464条第2款有关身份关系协议可参照适用合同编规定的规定,参照《民法典》第933条有关委托人任意解除权的规定,福利中心有权随时单方解除协议。此外,结合福利中心的考察评估及陈某的自认,陈某的经济来源主要为亲属资助,住房条件也不符合要求,陈某系残疾人,并不适宜照料于某,而作为主要照料人的张某业已与陈某离婚且放弃对本案权利的主张,故陈某继续履行协议的主要条件已经丧失。现福利中心不同意由陈某继续抚养于某,陈某要求福利中心继续履行协议无事实和法律依据,不予支持。

监护权是监护人对被监护人的人身权利、财产权利和其他合法权利实施监督、保护的身份权。监护人将被监护人寄养他人抚养是委托抚养的行为,并不解除监护人与被监护人之间的监护关系,也不影响监护人在必要时单方解除委托抚养协议自行抚养,尤其是在被监护人的身心健康可能遭受不利影响的情况下,委托抚养协议更应及时解除。监护人在选择寄养家庭时应充分考察、评估被寄养家庭的条件，并在寄养过程中及时跟踪、了解被寄养人的生活、学习状况，必要时立即采取措施最大限度维护被监护人的合法权益。

● *相关规定*

《家庭寄养管理办法》第2~3条、第7~11条

第九十四条 长期监护的法定情形

具有下列情形之一的，民政部门应当依法对未成年人进行长期监护：

（一）查找不到未成年人的父母或者其他监护人；

（二）监护人死亡或者被宣告死亡且无其他人可以担任监护人；

（三）监护人丧失监护能力且无其他人可以担任监护人；

（四）人民法院判决撤销监护人资格并指定由民政部门担任监护人；

（五）法律规定的其他情形。

● *相关规定*

《民法典》第28条、第31~32条、第34条、第36条；《国务院关于加强困境儿童保障工作的意见》

第九十五条 民政部门长期监护未成年人的收养

民政部门进行收养评估后，可以依法将其长期监护的未成年人交由符合条件的申请人收养。收养关系成立后，民政部门与未成年人的监护关系终止。

● 实用问答

问：被国家长期监护的未成年人是否有依法被收养的权利？

答：国家监护是未成年人监护保护的"最后一公里"，但国家监护并非未成年人成长最好的选择。大量实践经验表明，未成年人最合适、最科学的替代养育方式是家庭化养育和收养，其中收养是困境未成年人回归家庭、融入社会的重要方式。我国《民法典》第1093条规定，丧失父母的孤儿、查找不到生父母的未成年人、生父母有特殊困难无力抚养的子女，可以被收养。第1094条规定，孤儿的监护人、儿童福利机构、有特殊困难无力抚养子女的生父母可以作为送养人。其中丧失父母的孤儿、查找不到生父母的未成年人、生父母有特殊困难无力抚养的子女等被国家长期监护的，不影响其被收养的权利。

● 相关规定

《民法典》第1094条；《家庭寄养管理办法》第2条

第九十六条　民政部门承担国家监护职责的政府支持和机构建设

民政部门承担临时监护或者长期监护职责的，财政、教育、卫生健康、公安等部门应当根据各自职责予以配合。

县级以上人民政府及其民政部门应当根据需要设立未成年人救助保护机构、儿童福利机构，负责收留、抚养由民政部门监护的未成年人。

第九十七条 建设全国统一的未成年人保护热线,支持社会力量共建未成年人保护平台

县级以上人民政府应当开通全国统一的未成年人保护热线,及时受理、转介侵犯未成年人合法权益的投诉、举报;鼓励和支持人民团体、企业事业单位、社会组织参与建设未成年人保护服务平台、服务热线、服务站点,提供未成年人保护方面的咨询、帮助。

第九十八条 违法犯罪人员信息查询系统

国家建立性侵害、虐待、拐卖、暴力伤害等违法犯罪人员信息查询系统,向密切接触未成年人的单位提供免费查询服务。

● 典型案例

祁某猥亵儿童案(最高人民法院发布《保护未成年人权益十大优秀案例》)

被告人祁某原系浙江省某市小学教师。在执教期间,曾有学生家长于2013年1月以祁某非礼其女儿为由向学校举报,祁某因此写下书面检讨,保证不再发生此类事件。2016年12月,被告人祁某退休,因师资力量短缺,该校返聘祁某于2016年12月至2017年8月继续担任语文老师兼班主任。2017年以来,祁某利用教学之便,在课间活动及补课期间,多次对多名女学生进行猥亵。2017年8月30日下午,被告人祁某主动至派出所投案。

法院经审理认为,被告人祁某利用教师身份,多次猥亵多名未满12周岁的幼女,且部分系在公共场所当众猥亵,严重破坏教学秩序,社会危害性极大,其行为已构成猥亵儿童罪,且应当在"五年以上有

期徒刑"的幅度内从重处罚；而且，其曾因类似行为被举报，仍不思悔过致本案发生，应酌情从重处罚。据此，以猥亵儿童罪依法判处被告人祁某有期徒刑八年六个月；禁止其在三年内从事与未成年人相关的教育职业。案件审理期间，六名被害人提起民事诉讼，起诉涉事小学、区教育文化体育局教育机构责任纠纷。后经法院主持调解，该小学分别向各原告人一次性支付30000元。宣判后，该市教育局对涉案小学校长进行了行政处分。

本案系教师利用教学便利对未成年学生实施猥亵的恶性案件，给被害人和家人都造成了严重的身心伤害，挑战道德法律底线，性质极其恶劣，危害后果严重，必须从严惩处。被告人祁某虽已年过六十，但裁判法院考虑其被学校返聘、补课等情况，仍从有效预防侵害未成年人犯罪角度出发，秉持对侵害未成年人的"零容忍"态度，依法对被告人祁某适用从业禁止。本案在审理阶段，司法机关还通过政府购买服务，及时为被害人进行心理疏导，尽力医治对涉案未成年人的精神伤害。此类案件反映出极个别学校对未成年人权益保护仍然存在管理不善，制度不落实，执行不到位的现象，需要有关学校及部门引起重视。

第九十九条 培育、引导和规范社会力量参与未成年人保护工作

地方人民政府应当培育、引导和规范有关社会组织、社会工作者参与未成年人保护工作，开展家庭教育指导服务，为未成年人的心理辅导、康复救助、监护及收养评估等提供专业服务。

● **典型案例**

张某申请国家司法救助案（吉林省高级人民法院发布《2021年全省法院涉未成年典型案例》）

吴某某因情感问题，无端猜忌张某甲，为泄愤，持尖刀扎张某甲

要害部位，致急性大失血死亡。吉林省吉林市中级人民法院以故意杀人罪判处吴某某死刑，缓期二年执行，剥夺政治权利终身；吴某某赔偿附带民事诉讼原告人王某某、张某丧葬费人民币36906.48元。宣判后，王某某、张某不服，提出上诉。吉林省高级人民法院作出（2021）吉刑终92号刑事附带民事裁定，驳回上诉，维持原判。经查，张某系张某甲女儿，15周岁，身患疾病，虽经手术治疗，但仍需要长期服药。张某暂住其姑姑张某乙家，张某乙丧偶，且有孩子和生病的父母需要扶养，家境非常困难，故张某申请司法救助。

吉林省高级人民法院经审查认为，本案救助申请人张某系未成年人，又身患疾病。张某的母亲张某甲被害后，张某暂住其姑姑张某乙家，张某乙丧偶，又有生病的父母及孩子需要扶养，家境非常困难。因此，张某的救助申请符合《最高人民法院关于加强和规范人民法院国家司法救助工作的意见》第3条第1款第3项的救助情形，应予司法救助。综上，根据《最高人民法院关于加强和规范人民法院国家司法救助工作的意见》第12条和《人民法院国家司法救助案件办理程序规定（试行）》第15条的规定，决定给予救助申请人张某司法救助金人民币8万元。

本案系吉林省出台《关于建立国家司法救助与社会救助衔接机制的实施意见》后首个司法救助与社会救助衔接案例。本案中，吉林省高级人民法院既针对救助申请人的困难状况，依法及时给予张某司法救助，又主动对接社会救助职能部门，由一次性救助延伸为持续性帮扶，实现了司法救助与社会救助的无缝对接。民政部门将张某纳入最低生活保障范围；教育部门适时对张某进行心理疏导；妇联组织为其争取帮扶资金，并进行后续社会帮扶。此次救助及时帮助被救助人走出急迫生活困境，充分彰显了党和国家的民生关怀，传递了人民司法的温度。

● *相关规定*

《国务院关于加强困境儿童保障工作的意见》；《国务院关于加强农村留守儿童关爱保护工作的意见》

第七章 司法保护

第一百条 司法机关职责

公安机关、人民检察院、人民法院和司法行政部门应当依法履行职责，保障未成年人合法权益。

● *典型案例*

梁某某诉某县医疗保险事业管理局社会保障行政给付案（最高人民法院发布《未成年人权益司法保护典型案例》）

原告梁某某（2017年11月出生）出生后即患有先天性心脏病，于2018年5月在某儿童医院住院治疗，产生医疗费7万余元。梁某某的亲属于2017年11月向某县医疗保险事业管理局为梁某某一次性缴纳了2017年、2018年参保费用。因某县医疗保险事业管理局在医疗系统中未有效录入梁某某2018年的连续参保信息，导致梁某某无法报销住院费用。原告梁某某于2018年7月诉至法院，请求报销住院期间产生的医疗费。

法院在查明梁某某缴纳2017年、2018年医保参保费情况属实后，向某县医疗保险事业管理局发出《司法建议书》，建议会同相关单位采取补救措施，维护当事人梁某某的合法权益。某县医疗保险事业管理局根据《司法建议书》召开局务会，认定梁某某续保关系成立，对梁某某2018年上半年就医费用进行补报销。领取到报销费用后，梁某某向法院提出撤诉申请，法院裁定准许撤诉。

本案是一起涉未成年人社会保障行政给付的典型案例。梁某某系患有先天性心脏病的幼儿，出生后即产生较高医疗费，且后续仍需相关医疗费用。如按常规程序历经一审、二审、执行，将会贻误梁某某的治疗。法院在受理案件后，为确保梁某某得到及时救治，改变传统工作思路，与被告以及原告所在乡政府多次沟通，进行法律释明，协调各方就梁某某参保关系成立这一核心事实达成共识。同时向某县医疗保险事业管理局发出司法建议并被采纳，有力推动了问题的解决。本案的实质化解，体现了人民法院行政审判工作在分清是非，切实保护当事人合法权益的基础上，切实把非诉讼纠纷解决机制挺在前面，以满足广大人民群众多元、高效、便捷的解纷需求的司法理念，彰显了人民法院通过对行政行为进行监督，维护未成年人合法权益的担当，筑牢对未成年人的立体司法保护网。

● **相关规定**

《宪法》第128条、第131条、第134条、第136条；《刑事诉讼法》第3条

第一百零一条　专门机构、专门人员及评价考核标准

公安机关、人民检察院、人民法院和司法行政部门应当确定专门机构或者指定专门人员，负责办理涉及未成年人案件。办理涉及未成年人案件的人员应当经过专门培训，熟悉未成年人身心特点。专门机构或者专门人员中，应当有女性工作人员。

公安机关、人民检察院、人民法院和司法行政部门应当对上述机构和人员实行与未成年人保护工作相适应的评价考核标准。

● **条文注释**

本条是关于办理涉及未成年人案件专门化的规定，包括三个方面的内容。一是确定专门机构或者指定专门人员。办理涉及未成年人案件是一项专业性很强的工作，除传统的证据审查判断和适用法律外，还需要落实法律规定的特别程序和保护措施，在与未成年人接触过程中注重方式方法和技巧。办理涉及未成年人案件要实现法律效果和社会效果，对办案人员提出了更高的专业化要求，必然需要确定专门机构或者指定专门人员。二是办案人员需经过专门培训，熟悉未成年人身心特点。办理涉及未成年人案件，办案人员会经常接触未成年人，不仅需要有效、顺畅的沟通，而且需要保护他们相对脆弱的身心。这就要求办案人员具备专业知识，熟悉未成年人的身心特点。三是实行与未成年人保护工作相适应的评价考核标准。办理涉及未成年人案件在很多方面与办理成年人案件有重大区别，工作内容、工作方式、工作理念都有较大差异，为全面、客观衡量和评价办理涉未成年人案件的质与量，需要实行与未成年人保护工作相适应的评价考核标准。

● **相关规定**

《刑事诉讼法》第277条；《社区矫正法》第52条；《公安机关办理刑事案件程序规定》第319条；《最高人民法院关于适用〈中华人民共和国刑事诉讼法〉的解释》第549条；《人民检察院办理未成年人刑事案件的规定》第8条；《人民检察院刑事诉讼规则》第458条

第一百零二条　未成年人案件中语言、表达方式

公安机关、人民检察院、人民法院和司法行政部门办理涉及未成年人案件，应当考虑未成年人身心特点和健康成长的需要，使用未成年人能够理解的语言和表达方式，听取未成年人的意见。

● **相关规定**

《公安机关办理刑事案件程序规定》第319条；《最高人民法院关于适用〈中华人民共和国刑事诉讼法〉的解释》第573条

第一百零三条　个人信息保护

公安机关、人民检察院、人民法院、司法行政部门以及其他组织和个人不得披露有关案件中未成年人的姓名、影像、住所、就读学校以及其他可能识别出其身份的信息，但查找失踪、被拐卖未成年人等情形除外。

● **相关规定**

《个人信息保护法》第28条、第31条；《民法典》第1032条、第1034条；《社区矫正法》第54条；《最高人民法院关于适用〈中华人民共和国刑事诉讼法〉的解释》第559条；《人民检察院刑事诉讼规则》第481条

第一百零四条　法律援助、司法救助

对需要法律援助或者司法救助的未成年人，法律援助机构或者公安机关、人民检察院、人民法院和司法行政部门应当给予帮助，依法为其提供法律援助或者司法救助。

> 法律援助机构应当指派熟悉未成年人身心特点的律师为未成年人提供法律援助服务。
>
> 法律援助机构和律师协会应当对办理未成年人法律援助案件的律师进行指导和培训。

● **典型案例**

　　小敏申请刑事被害人司法救助案（《最高人民法院、中华全国妇女联合会保护未成年人权益司法救助典型案例》）[①]

　　小敏（化名）母亲被害，四川省德阳市中级人民法院作出刑事附带民事判决，认定被告人犯故意杀人罪，判处死刑，缓期二年执行，剥夺政治权利终身；同时判决被告人赔偿附带民事诉讼原告人经济损失4万余元。因被告人无赔偿能力，附带民事判决无法执行到位。

　　小敏为未成年人，其母亲生前已与小敏父亲离婚。小敏的父亲在城市打零工维持生计，居无定所。母亲被害后，小敏因丧母之痛身心遭受巨大打击，不愿在老家小学继续就读，来到城市与父亲生活，家庭生活十分困难。四川省高级人民法院调查发现小敏符合司法救助情形后，及时启动救助程序，在决定向其发放司法救助金的同时，针对小敏辍学后虽恢复上学但只能在小学借读、无正式学籍，以及需要心理疏导等问题，立即与当地妇联及教育部门进行沟通，帮助协调解决了小敏的实际困难。之后，四川省高级人民法院还开展回访工作，为小敏送去书籍、牛奶等学习生活用品，鼓励其认真学习、快乐生活。

　　本案是人民法院加大司法救助与社会救助衔接力度，保护未成年

[①] 参见《最高人民法院、中华全国妇女联合会保护未成年人权益司法救助典型案例》，载最高人民法院网，https://www.court.gov.cn/zixun/xiangqing/401482.html，最后访问时间：2025年4月17日。

人受教育权，为其提供学习条件的典型案例。司法救助不是终点，而是帮扶被救助人的起点。本案中，人民法院在救助生活陷入急困的未成年人时，发现其身心因亲历刑事案件惨烈现场而遭受巨大创伤，宁愿失学也不愿再留在原籍地，而是坚持投奔在异地谋生的父亲等特殊情况后，为了尽可能保护未成年人权益，及时向妇女儿童权益保护组织和教育部门通报情况，协调解决被救助未成年人异地入学难题，并提供专业心理疏导等帮扶措施，帮助其逐渐恢复正常的学习生活状态，是未成年人司法保护的生动法治故事，具有很好的示范引领作用。

● *相关规定*

《法律援助法》第25条；《刑事诉讼法》第278条；《法律援助条例》第12条；《关于刑事诉讼法律援助工作的规定》第9条；《最高人民法院关于适用〈中华人民共和国刑事诉讼法〉的解释》第564~565条

第一百零五条　检察监督

人民检察院通过行使检察权，对涉及未成年人的诉讼活动等依法进行监督。

● *相关规定*

《宪法》第134条、第136条；《人民检察院组织法》第2条、第20条

第一百零六条　公益诉讼

未成年人合法权益受到侵犯，相关组织和个人未代为提起诉讼的，人民检察院可以督促、支持其提起诉讼；涉及公共利益的，人民检察院有权提起公益诉讼。

第一百零七条　继承权、受遗赠权和受抚养权保护

人民法院审理继承案件，应当依法保护未成年人的继承权和受遗赠权。

人民法院审理离婚案件，涉及未成年子女抚养问题的，应当尊重已满八周岁未成年子女的真实意愿，根据双方具体情况，按照最有利于未成年子女的原则依法处理。

● **典型案例**

1. 天津某银行股份有限公司与伏某、张某、沈某被继承人债务清偿纠纷案（《天津法院发布保护未成年人合法权益典型案例》）

2018年，被继承人张某某以个人名义与天津某银行股份有限公司签订了金融借款合同，借款55万元，以其名下个人房产提供抵押担保，后办理了抵押登记。2019年，张某某因病去世。2020年，因借款到期后未能全额还本付息，天津某银行股份有限公司将张某某的继承人伏某（张某某之妻）、张某（张某某与伏某之婚生女，张某某去世时为5周岁）、沈某（张某某之母）诉至法院，要求在涉案房产担保范围内享有优先受偿权，伏某、张某、沈某在继承的其他财产范围内对张某某欠付债务承担清偿责任。

法院生效裁判认为，张某某与原告天津某银行股份有限公司签订的金融借款合同真实合法有效，故张某某继承人对张某某所欠天津某银行股份有限公司的债务应在继承遗产的范围内清偿。但鉴于张某系未成年人，根据查明的被继承人的遗产情况、伏某的收入能力及从利于保障张某受教育及生活来源的实际情况考虑，认定在张某某的遗产中优先为张某留存自张某某死亡至张某成年的生活费用151000元，剩余遗产再行负担债务。

本案是人民法院依法审理被继承人债务清偿纠纷，为未成年人保留必要遗产，保障未成年人权益的典型案例。《民法典》第1159条规定："分割遗产，应当清偿被继承人依法应当缴纳的税款和债务；但是，应当为缺乏劳动能力又没有生活来源的继承人保留必要的遗产。"该条确立了遗产必留份制度，系为维护继承人生存权，为其生活需要保留必不可少的财产。本案中，被继承人张某某欠付银行贷款，且该债务设立了抵押登记，由于被抵押房屋价值并不高，如果优先偿还债务后剩余的金额极少，且被继承人张某某其他遗产价值亦较低，张某作为未成年人缺乏劳动能力，虽有母亲抚养，但其母收入有限，如上述房屋被执行后，母女俩生活将难以为继。经综合考量上述案件情况，法院依法认定优先给张某留存必要的遗产，剩余抵押房产变现价款再行清偿欠付银行债务。案件裁判结果依法维护了未成年人的生存权益，实现了法律效果和社会效果的统一。

2. 高某诉张某变更子女抚养关系案（《河北省高级人民法院发布2021年度第二批未成年人保护典型案例》）

高某（男）和张某（女）原系夫妻关系。2019年6月26日经法院调解离婚，约定高某直接抚养长女高某甲、长子高某乙，并承担抚养费。但是两个孩子随父亲高某共同生活几个月后，主动随母亲共同生活至今。原告高某因患急性髓系白血病，曾多次在省市医院住院治疗，以无力抚养孩子，不能尽到监护人抚养义务为由，起诉请求在不变更原抚养关系的情况下由被告张某抚养孩子。

法院支持了原告的诉讼请求，判决两个子女由其母亲被告张某直接抚养，在原告高某急性髓系白血病治愈前由被告张某负担抚养费。

原、被告虽然离婚，但应将家庭破裂对孩子的影响降到最低。本案中，离婚时双方约定由男方抚养孩子，因男方患严重疾病要求变更子女抚养关系，符合法定条件，而且孩子在父母离婚后也有选择跟随父、母任一方生活的权利。法院判决变更由被告直接抚养孩子，既尊重了孩子的选择，也有利于亲情的维系，更有利于未成年人合法权益的保障。

3. 徐某乙诉石某某抚养费纠纷案（《河北省高级人民法院发布2021年度第二批未成年人保护典型案例》）

原告徐某乙（女，2019年6月生），系徐某甲（母亲）与被告石某某（父亲）的非婚生女，一直随母亲徐某甲生活，未与石某某共同生活。被告石某某在某高速收费站工作，其工资证明记载月工资2386元。根据原告母亲徐某甲的申请，法院查询了石某某2020年3月至10月间的工资收入情况，其工资收入多数在4000元左右，有时是1000余元。如果按石某某月收入3500元的25%计算每月抚养费为875元，自孩子出生至起诉日抚养费计14875元。原告暂请求给付1万元。

一审判决石某某于判决生效之日起10日内支付原告抚养费1万元。后原、被告均提出上诉，经二审法院调解，双方达成调解协议：作为父亲的石某某给付孩子母亲3万元购房款及其他财产抵作孩子自出生至起诉日的抚养费，以后抚养费由石某某每年3月6日一次性支付6660元至孩子年满18周岁。

非婚生子女享有与婚生子女同等的权利，不论随父或母任一方一起生活，不直接抚养子女的一方也应当负担子女生活费、教育费，直至子女能独立生活为止。二审法院为最大限度保护未成年人的合法权益，多次沟通协调，最终促成了调解，案结事了。

● *相关规定*

《民法典》第1084条、第1124条、第1128条、第1130条；《最高人民法院关于适用〈中华人民共和国民法典〉婚姻家庭编的解释（一）》第44~48条

第一百零八条　人身安全保护令、撤销监护人资格

未成年人的父母或者其他监护人不依法履行监护职责或者严重侵犯被监护的未成年人合法权益的，人民法院可以根据有关人员或者单位的申请，依法作出人身安全保护令或者撤销监护人资格。

被撤销监护人资格的父母或者其他监护人应当依法继续负担抚养费用。

● **实用问答**

问：哪些情形，人民法院可以根据申请撤销监护人的监护资格？

答：《最高人民法院、最高人民检察院、公安部、民政部关于依法处理监护人侵害未成年人权益行为若干问题的意见》第35条规定："被申请人有下列情形之一的，人民法院可以判决撤销其监护人资格：（一）性侵害、出卖、遗弃、虐待、暴力伤害未成年人，严重损害未成年人身心健康的；（二）将未成年人置于无人监管和照看的状态，导致未成年人面临死亡或者严重伤害危险，经教育不改的；（三）拒不履行监护职责长达六个月以上，导致未成年人流离失所或者生活无着的；（四）有吸毒、赌博、长期酗酒等恶习无法正确履行监护职责或者因服刑等原因无法履行监护职责，且拒绝将监护职责部分或者全部委托给他人，致使未成年人处于困境或者危险状态的；（五）胁迫、诱骗、利用未成年人乞讨，经公安机关和未成年人救助保护机构等部门三次以上批评教育拒不改正，严重影响未成年人正常生活和学习的；（六）教唆、利用未成年人实施违法犯罪行为，情节恶劣的；（七）有其他严重侵害未成年人合法权益行为的。"

● **典型案例**

1. 邵某某、王某某被撤销监护人资格案（《最高人民法院关于侵害未成年人权益被撤销监护人资格典型案例》）

邵某某和王某某2004年生育一女，取名邵某。在邵某未满2周岁时，二人因家庭琐事发生矛盾，邵某某独自带女儿回到原籍江苏省徐州市铜山区大许镇生活。在之后的生活中，邵某某长期殴打、虐待女儿邵某，致其头部、脸部、四肢等多处严重创伤。2013年又因强奸、猥亵女儿邵某，于2014年10月10日被法院判处有期徒刑十一年，剥夺政治权利一年。王某某自2006年后从未看望过邵某，亦未支付抚养费用。邵某某被采取刑事强制措施后，王某某及其家人仍对女儿邵某不闻不问致其流离失所、生活无着。邵某因饥饿离家，被好心人士张某某收留。邵某某的父母早年去世，无兄弟姐妹。王某某肢体三级残疾，其父母、弟、妹均明确表示不愿抚养邵某。2015年1月铜山区民政局收到铜山区检察院的检察建议，于1月7日作为申请人向铜山区人民法院提起特别程序请求撤销邵某某和王某某的监护人资格。

江苏省徐州市铜山区人民法院判决：(1)撤销被申请人邵某某对邵某的监护权。(2)撤销被申请人王某某对邵某的监护权。(3)指定徐州市铜山区民政局作为邵某的监护人。

通过对该案的审判，确定了当父母拒不履行监护责任或者侵害被监护人合法权益时，民政局作为社会保障机构，有权申请撤销父母的监护权，打破"虐童是家事"的陈旧观念，使受到家庭成员伤害的未成年人也能够得到司法救济。在未成年人其他近亲属无力监护、不愿监护和不宜监护，临时照料人监护能力又有限的情形下，判决民政局履行带有国家义务性质的监护责任，指定其作为未成年人的监护人，对探索确立国家监护制度作出大胆尝试。该案件审理中的创新做法：(1) 激活监护权撤销制度使之具有可诉性，明确了民政部门等单位在"有关单位"之列，使撤销监护权之诉具备了实际的可操作性；(2) 引入指定临时照料人制度，案件受理后，为未成年人指定临时照料人，既确保未成年人在案件审理过程中的生活稳定，也有利于作为受害人的未成年人表达意愿、参加庭审；(3) 引入社会观护制度，案件审理中，法院委托妇联、团委、青少年维权机构对受害未成年人进行观护，了解未成年人受到侵害的程度、现在的生活状态、亲属情况及另行指定监护人的人选等内容，给法院裁判提供参考；(4) 加强未成年人隐私保护，庭审中采用远程视频、背对镜头的方式让邵某出庭，寻求受害女童隐私保护和充分表达意愿的平衡。对裁判文书进行编号，向当事人送达裁判文书时送达《未成年人隐私保护告知书》，告知不得擅自复印、传播该文书。在审理终结后，对全部卷宗材料进行封存，最大限度保护受害人的隐私，确保其在另行指定监护人后能健康成长。

2. 徐某被撤销监护人资格案（《最高人民法院关于侵害未成年人权益被撤销监护人资格典型案例》)

徐某某出生于 2010 年 2 月 21 日，出生后被遗弃在江苏省常州市武进区某寺庙门外，由该寺庙出家人释某抱回寺内。因徐某某需落户口，释某年纪较大，不符合收养要求。2011 年 12 月 29 日，徐某某由寺庙出家人徐某收养，并办理了收养登记手续。徐某某先由徐某的妹妹、妹夫代养，后又送回该寺庙抚养，由徐某及寺内其他人员共同照顾。2014 年 9 月 25 日，徐某某被送至常州市儿童福利院，寺庙支付了保育教育费、寄养儿童伙食费等费用共计 19480 元。徐某某被送至常州市儿童福利院后，徐某未探望过徐某某，亦未支付过徐某某的相关费用。徐某某患有脑裂畸形，至今未治愈。

江苏省常州市天宁区人民法院认为，监护人不履行监护职责或者侵害被监护人的合法权益的，应当承担责任，人民法院可以根据有关人员或者有关单位的申请，撤销监护人的资格。徐某某生父母不详，且患有脑裂畸形疾病。2014年9月25日，徐某某由某寺庙送至常州市儿童福利院抚养至今，其间徐某长期不履行监护职责，庭审中亦明确表示其不具备抚养、监护徐某某的能力。申请人常州市儿童福利院愿意担任徐某某的监护人，并已自2014年9月25日起实际履行了监护职责。故申请人常州市儿童福利院申请撤销被申请人徐某的监护资格，由申请人担任徐某某的监护人，符合法律规定，应当予以支持。判决：撤销被申请人徐某对徐某某的监护人资格；指定常州市儿童福利院为徐某某的监护人。该判决为终审判决，现已生效。

本案是一起撤销因收养关系形成的监护权案件。不履行监护职责的消极不作为行为，导致未成年人身心健康受到侵害的，亦应认定为监护侵害行为。徐某与徐某某通过收养关系成为其监护人，但实际上徐某某一直由多人轮流抚养，徐某某患有脑裂畸形，因徐某怠于行使监护职责，无法进行手术医治，已严重影响了徐某某的健康成长，在徐某某被送至常州市儿童福利院后，徐某未探望过徐某某，亦未支付过相关费用，其不履行监护职责的行为构成对徐某某的侵害。徐某某年仅5岁，且患有脑裂畸形疾病，无法主动维护其自身权益，其是一名弃婴，无法查明其亲生父母及其近亲属的情况。常州市儿童福利院作为民政部门设立的未成年人救助保护机构，对徐某某进行了抚养、照顾，实际承担了监护职责，由其作为申请人提出申请符合法律规定，体现了国家监护制度对未成年人监护权益的补充和保障，指定其作为徐某某的监护人，也符合未成年人利益最大化的原则和本案的实际情况。

● **相关规定**

《民法典》第36~37条；《反家庭暴力法》第23条、第29条；《最高人民法院、全国妇联、教育部、公安部、民政部、司法部、卫生健康委关于加强人身安全保护令制度贯彻实施的意见》

第一百零九条　社会调查

人民法院审理离婚、抚养、收养、监护、探望等案件涉及未成年人的，可以自行或者委托社会组织对未成年人的相关情况进行社会调查。

第一百一十条　法定代理人、合适成年人到场

公安机关、人民检察院、人民法院讯问未成年犯罪嫌疑人、被告人，询问未成年被害人、证人，应当依法通知其法定代理人或者其成年亲属、所在学校的代表等合适成年人到场，并采取适当方式，在适当场所进行，保障未成年人的名誉权、隐私权和其他合法权益。

人民法院开庭审理涉及未成年人案件，未成年被害人、证人一般不出庭作证；必须出庭的，应当采取保护其隐私的技术手段和心理干预等保护措施。

● **相关规定**

《刑事诉讼法》第281条；《人民检察院刑事诉讼规则》第465条

第一百一十一条　特定未成年被害人司法保护

公安机关、人民检察院、人民法院应当与其他有关政府部门、人民团体、社会组织互相配合，对遭受性侵害或者暴力伤害

的未成年被害人及其家庭实施必要的心理干预、经济救助、法律援助、转学安置等保护措施。

● **典型案例**

杨某故意杀人案（最高人民法院发布《保护未成年人权益十大优秀案例》）

2017年初，被告人杨某跟随同乡李某来津务工，后因工资结算问题二人产生矛盾。2017年7月25日7时许，杨某向李某索要工资时发生争吵，杨某遂从路边捡起一根三角铁用力击打李某头部，致李某头部流血倒地昏迷。后杨某来到李某居住的宿舍，持菜刀砍李某之子小欢、小旭（案发时8岁）。三名被害人被送至医院后，李某、小欢经抢救无效死亡，小旭颈部损伤程度经鉴定为轻伤二级。案发后，被害人李某近亲属曾某、被害人小旭因家庭情况特别困难，提出司法救助申请。

法院经审理认为，被告人杨某因工资结算问题与被害人李某产生矛盾，先后持三角铁、菜刀行凶，致李某及其长子小欢死亡，致李某次子小旭轻伤，其行为已构成故意杀人罪，应依法予以处罚。被告人杨某犯罪手段残忍，主观恶性深，犯罪后果严重，虽系投案自首，不足以从轻处罚；其行为给附带民事诉讼原告人造成经济损失，依法应予赔偿。据此，以故意杀人罪，依法判处被告人杨某死刑，剥夺政治权利终身；判决被告人杨某赔偿附带民事诉讼原告人曾某、周某、小旭经济损失人民币共计137262.26元。

本案是天津法院开展的全国首例对未成年被害人跨省心理救助的案例。被害人小旭案发时年龄尚小，目睹了父亲、兄长的被害过程，身心健康受到严重伤害，有此类经历的孩子是容易出现心理问题的高危人群。考虑到被害人的家庭状况和案件具体情况，法院决定对小旭开展司法救助，进行心理干预，尽力帮助其走出心理阴影，步入正常的生活、学习轨道。

由于被救助人生活的地方在四川，距离天津太远，如何开展持续、动态的跨省救助，尤其是心理救助，在全国无先例可循。按照刑事被害人救助规定，只能解决被害人的经济困难。考虑到本案的特殊情况，天津法院创新工作思路，为小旭申请了心理救助专项资金，并与四川法院共同确定了跨省司法救助与心理干预并行的工作方案。目前小旭学习生活状态良好，情绪正常，心理救助初步达到了预期效果。值得注意的是，除了刑事案件的未成年被害人，家事案件中的未成年人，作为家庭成员也经常被无端地卷入家事纷争之中。法院在审理这类案件时，发现确有需要进行救助的困境儿童，也会积极为他们开展延伸救助工作，充分发挥职能优势，整合专业资源，联合政府部门、教育机构、群团组织等让涉困儿童获得精准救助。

第一百一十二条　同步录音录像等保护措施

公安机关、人民检察院、人民法院办理未成年人遭受性侵害或者暴力伤害案件，在询问未成年被害人、证人时，应当采取同步录音录像等措施，尽量一次完成；未成年被害人、证人是女性的，应当由女性工作人员进行。

● 条文注释

性侵害、暴力伤害案件的重要证据之一往往是未成年被害人的陈述或者未成年证人的证词。实践中，侦查人员询问未成年被害人、证人后案件移送到检察院。如果侦查过程中询问时很多细节并未弄清楚，则需要再次询问甚至多次询问，这很容易给未成年被害人、证人带来伤害。为避免出现这一问题，根据本条规定，公安机关、人民检察院、人民法院办理未成年人遭受性侵害或者暴力伤害案件，在询问未成年被害人、证人时，应当采取同步录音录像等措施，尽量一次完成。

第一百一十三条 违法犯罪未成年人的保护方针和原则

对违法犯罪的未成年人，实行教育、感化、挽救的方针，坚持教育为主、惩罚为辅的原则。

对违法犯罪的未成年人依法处罚后，在升学、就业等方面不得歧视。

● *典型案例*

彭某某犯故意伤害罪案（《江苏高院公布十个未成年人受侵害的刑事审判案例》）

被告人彭某某（男，1998年8月8日出生）曾与女学生郑某早恋，但郑某后来又与同学高某相恋。2013年1月1日15时许，被告人彭某某在一网吧找到郑某与高某，并在让郑某选择与谁谈恋爱的问题上发生矛盾。后在网吧附近，被告人彭某某对高某进行殴打，并持刀捅高某左颈部一刀，高某倒地后，被告人彭某某等人将其送往医院救治，经抢救无效死亡。经法医鉴定：高某符合被他人用单刃锐器捅刺颈部致左锁骨下动脉断裂大失血死亡。被告人彭某某在明知被害人高某家人报案后仍在现场等候，抓捕时无拒捕行为，归案后如实供述犯罪事实。案发后，经铜山区人民法院主持调解，附带民事部分双方达成调解协议。

徐州市铜山区人民法院认为，被告人彭某某故意非法损害他人身体健康，致人死亡，其行为已构成故意伤害罪。被告人彭某某在实施犯罪时已满14周岁未满16周岁，依法应从轻或减轻处罚，被告人彭某某在明知他人报案后仍在现场等候,抓捕时无拒捕行为,如实供述犯罪事实,具有自首情节,依法可从轻处罚;被告人彭某某赔偿了被害人亲属的部分经济损失,依法可酌情从轻处罚。最终依法判决被告人彭某某犯故意伤害罪,判处有期徒刑十二年。

在审理未成年人侵害未成年人的犯罪案件时,人民法院坚持"双向保护原则",即在依法保护未成年被害人的合法权益时,也要保护未成年被告人的合法权益。具体而言,在案件处理中,要注重刑事矛盾的化解,既加强对被告人认罪服法教育,促其认罪悔罪,主动向被害人方赔礼道歉、赔偿损失,又加强与被害人方的联系,听取其意见,做好释法说理工作,并注重对未成年被害人的同等保护,充分维护其合法权益。本案被告人与被害人均系未成年人和在校学生,因早恋争夺女友而上演了一场悲剧,致使两个家庭都遭受了重创。法院在审理该案时,坚持双向保护,注重矛盾化解。一审宣判后,双方均表示服判息诉。

● **相关规定**

《刑事诉讼法》第277条;《预防未成年人犯罪法》第31条、第47条、第50条;《人民检察院办理未成年人刑事案件的规定》第2条

第一百一十四条 司法机关对未尽保护职责单位的监督

公安机关、人民检察院、人民法院和司法行政部门发现有关单位未尽到未成年人教育、管理、救助、看护等保护职责的,应当向该单位提出建议。被建议单位应当在一个月内作出书面回复。

第一百一十五条 司法机关开展未成年人法治宣传教育

公安机关、人民检察院、人民法院和司法行政部门应当结合实际,根据涉及未成年人案件的特点,开展未成年人法治宣传教育工作。

第一百一十六条 社会组织、社会工作者参与未成年人司法保护

国家鼓励和支持社会组织、社会工作者参与涉及未成年人案件中未成年人的心理干预、法律援助、社会调查、社会观护、教育矫治、社区矫正等工作。

● 相关规定

《反家庭暴力法》第9条;《关于进一步加强事实无人抚养儿童保障工作的意见》

第八章 法律责任

第一百一十七条 违反强制报告义务的法律责任

违反本法第十一条第二款规定,未履行报告义务造成严重后果的,由上级主管部门或者所在单位对直接负责的主管人员和其他直接责任人员依法给予处分。

● 条文注释

本条规定的违法行为是未按照本法第11条第2款的规定履行强制报告义务,即国家机关、居民委员会、村民委员会、密切接触未成年人的单位及其工作人员,在工作中发现未成年人身心健康受到

侵害、疑似受到侵害或者面临其他危险情形的，未及时向公安、民政、教育等有关部门报告。这些违法行为属于不作为，依据本条进行处理的前提是未履行报告义务造成严重后果。严重后果既包括因侵害未成年人的情形或者危险情形对未成年人造成了严重的侵害后果，也包括因这些侵害情形或者危险情形在社会上造成恶劣影响。另外，本条中的处分包括批评、警告、记过、降级等。情节特别严重的，对有相关资格、资质的人员，还可以暂停其相应的职务或者业务活动。

● **相关规定**

《反家庭暴力法》第35条；《未成年人保护法》第11条

第一百一十八条 监护人不履行监护职责或者侵犯未成年人合法权益的法律责任

未成年人的父母或者其他监护人不依法履行监护职责或者侵犯未成年人合法权益的，由其居住地的居民委员会、村民委员会予以劝诫、制止；情节严重的，居民委员会、村民委员会应当及时向公安机关报告。

公安机关接到报告或者公安机关、人民检察院、人民法院在办理案件过程中发现未成年人的父母或者其他监护人存在上述情形的，应当予以训诫，并可以责令其接受家庭教育指导。

第一百一十九条 学校等机构及其教职员工的法律责任

学校、幼儿园、婴幼儿照护服务等机构及其教职员工违反本法第二十七条、第二十八条、第三十九条规定的，由公安、教育、卫生健康、市场监督管理等部门按照职责分工责令改正；

拒不改正或者情节严重的，对直接负责的主管人员和其他直接责任人员依法给予处分。

● *相关规定*

《义务教育法》第 27 条

第一百二十条 未给予免费或者优惠待遇的法律责任

违反本法第四十四条、第四十五条、第四十七条规定，未给予未成年人免费或者优惠待遇的，由市场监督管理、文化和旅游、交通运输等部门按照职责分工责令限期改正，给予警告；拒不改正的，处一万元以上十万元以下罚款。

第一百二十一条 制作、复制、出版、发布、传播危害未成年人出版物的法律责任

违反本法第五十条、第五十一条规定的，由新闻出版、广播电视、电影、网信等部门按照职责分工责令限期改正，给予警告，没收违法所得，可以并处十万元以下罚款；拒不改正或者情节严重的，责令暂停相关业务、停产停业或者吊销营业执照、吊销相关许可证，违法所得一百万元以上的，并处违法所得一倍以上十倍以下的罚款，没有违法所得或者违法所得不足一百万元的，并处十万元以上一百万元以下罚款。

第一百二十二条 场所运营单位和住宿经营者的法律责任

场所运营单位违反本法第五十六条第二款规定、住宿经营者违反本法第五十七条规定的，由市场监督管理、应急管理、公安等部门按照职责分工责令限期改正，给予警告；拒不改正或者造成严重后果的，责令停业整顿或者吊销营业执照、吊销相关许可证，并处一万元以上十万元以下罚款。

第一百二十三条 营业性娱乐场所等经营者的法律责任

相关经营者违反本法第五十八条、第五十九条第一款、第六十条规定的，由文化和旅游、市场监督管理、烟草专卖、公安等部门按照职责分工责令限期改正，给予警告，没收违法所得，可以并处五万元以下罚款；拒不改正或者情节严重的，责令停业整顿或者吊销营业执照、吊销相关许可证，可以并处五万元以上五十万元以下罚款。

第一百二十四条 公共场所吸烟、饮酒的法律责任

违反本法第五十九条第二款规定，在学校、幼儿园和其他未成年人集中活动的公共场所吸烟、饮酒的，由卫生健康、教育、市场监督管理等部门按照职责分工责令改正，给予警告，可以并处五百元以下罚款；场所管理者未及时制止的，由卫生健康、教育、市场监督管理等部门按照职责分工给予警告，并处一万元以下罚款。

第一百二十五条　未按规定招用、使用未成年人的法律责任

违反本法第六十一条规定的,由文化和旅游、人力资源和社会保障、市场监督管理等部门按照职责分工责令限期改正,给予警告,没收违法所得,可以并处十万元以下罚款;拒不改正或者情节严重的,责令停产停业或者吊销营业执照、吊销相关许可证,并处十万元以上一百万元以下罚款。

● 相关规定

《劳动法》第94~95条;《禁止使用童工规定》第5~6条

第一百二十六条　密切接触未成年人单位的法律责任

密切接触未成年人的单位违反本法第六十二条规定,未履行查询义务,或者招用、继续聘用具有相关违法犯罪记录人员的,由教育、人力资源和社会保障、市场监督管理等部门按照职责分工责令限期改正,给予警告,并处五万元以下罚款;拒不改正或者造成严重后果的,责令停业整顿或者吊销营业执照、吊销相关许可证,并处五万元以上五十万元以下罚款,对直接负责的主管人员和其他直接责任人员依法给予处分。

第一百二十七条　网络产品和服务提供者等的法律责任

信息处理者违反本法第七十二条规定,或者网络产品和服务提供者违反本法第七十三条、第七十四条、第七十五条、第七十六条、第七十七条、第八十条规定的,由公安、网信、电信、新闻出版、广播电视、文化和旅游等有关部门按照职责分工责令改正,给予警告,没收违法所得,违法所得一百万元以上的，并处违法所得一倍以上十倍以下罚款，没有违法所得或者违法所得不足一百万元的，并处十万元以上一百万元以下罚款，对直接负责的主管人员和其他责任人员处一万元以上十万元以下罚款；拒不改正或者情节严重的，并可以责令暂停相关业务、停业整顿、关闭网站、吊销营业执照或者吊销相关许可证。

第一百二十八条 国家机关工作人员渎职的法律责任

国家机关工作人员玩忽职守、滥用职权、徇私舞弊，损害未成年人合法权益的，依法给予处分。

第一百二十九条 民事责任、治安管理处罚和刑事责任

违反本法规定，侵犯未成年人合法权益，造成人身、财产或者其他损害的，依法承担民事责任。

违反本法规定，构成违反治安管理行为的，依法给予治安管理处罚；构成犯罪的，依法追究刑事责任。

第九章 附 则

第一百三十条 相关概念的含义

本法中下列用语的含义：

（一）密切接触未成年人的单位，是指学校、幼儿园等教育机构；校外培训机构；未成年人救助保护机构、儿童福利机构等未成年人安置、救助机构；婴幼儿照护服务机构、早期教育

服务机构；校外托管、临时看护机构；家政服务机构；为未成年人提供医疗服务的医疗机构；其他对未成年人负有教育、培训、监护、救助、看护、医疗等职责的企业事业单位、社会组织等。

（二）学校，是指普通中小学、特殊教育学校、中等职业学校、专门学校。

（三）学生欺凌，是指发生在学生之间，一方蓄意或者恶意通过肢体、语言及网络等手段实施欺压、侮辱，造成另一方人身伤害、财产损失或者精神损害的行为。

第一百三十一条　未成年外国人、无国籍人的保护

对中国境内未满十八周岁的外国人、无国籍人，依照本法有关规定予以保护。

第一百三十二条　施行日期

本法自 2021 年 6 月 1 日起施行。

附　录

中华人民共和国家庭教育促进法

（2021年10月23日第十三届全国人民代表大会常务委员会第三十一次会议通过　2021年10月23日中华人民共和国主席令第98号公布　自2022年1月1日起施行）

目　录

第一章　总　则
第二章　家庭责任
第三章　国家支持
第四章　社会协同
第五章　法律责任
第六章　附　则

第一章　总　则

第一条　为了发扬中华民族重视家庭教育的优良传统，引导全社会注重家庭、家教、家风，增进家庭幸福与社会和谐，培养德智体美劳全面发展的社会主义建设者和接班人，制定本法。

第二条　本法所称家庭教育，是指父母或者其他监护人为促进未成年人全面健康成长，对其实施的道德品质、身体素质、生活技能、文化修养、行为习惯等方面的培育、引导和影响。

第三条 家庭教育以立德树人为根本任务，培育和践行社会主义核心价值观，弘扬中华民族优秀传统文化、革命文化、社会主义先进文化，促进未成年人健康成长。

第四条 未成年人的父母或者其他监护人负责实施家庭教育。

国家和社会为家庭教育提供指导、支持和服务。

国家工作人员应当带头树立良好家风，履行家庭教育责任。

第五条 家庭教育应当符合以下要求：

（一）尊重未成年人身心发展规律和个体差异；

（二）尊重未成年人人格尊严，保护未成年人隐私权和个人信息，保障未成年人合法权益；

（三）遵循家庭教育特点，贯彻科学的家庭教育理念和方法；

（四）家庭教育、学校教育、社会教育紧密结合、协调一致；

（五）结合实际情况采取灵活多样的措施。

第六条 各级人民政府指导家庭教育工作，建立健全家庭学校社会协同育人机制。县级以上人民政府负责妇女儿童工作的机构，组织、协调、指导、督促有关部门做好家庭教育工作。

教育行政部门、妇女联合会统筹协调社会资源，协同推进覆盖城乡的家庭教育指导服务体系建设，并按照职责分工承担家庭教育工作的日常事务。

县级以上精神文明建设部门和县级以上人民政府公安、民政、司法行政、人力资源和社会保障、文化和旅游、卫生健康、市场监督管理、广播电视、体育、新闻出版、网信等有关部门在各自的职责范围内做好家庭教育工作。

第七条 县级以上人民政府应当制定家庭教育工作专项规划,将家庭教育指导服务纳入城乡公共服务体系和政府购买服务目录,将相关经费列入财政预算,鼓励和支持以政府购买服务的方式提供家庭教育指导。

第八条 人民法院、人民检察院发挥职能作用,配合同级人民政府及其有关部门建立家庭教育工作联动机制,共同做好家庭教育工作。

第九条 工会、共产主义青年团、残疾人联合会、科学技术协会、关心下一代工作委员会以及居民委员会、村民委员会等应当结合自身工作,积极开展家庭教育工作,为家庭教育提供社会支持。

第十条 国家鼓励和支持企业事业单位、社会组织及个人依法开展公益性家庭教育服务活动。

第十一条 国家鼓励开展家庭教育研究,鼓励高等学校开设家庭教育专业课程,支持师范院校和有条件的高等学校加强家庭教育学科建设,培养家庭教育服务专业人才,开展家庭教育服务人员培训。

第十二条 国家鼓励和支持自然人、法人和非法人组织为家庭教育事业进行捐赠或者提供志愿服务,对符合条件的,依法给予税收优惠。

国家对在家庭教育工作中做出突出贡献的组织和个人,按照有关规定给予表彰、奖励。

第十三条 每年5月15日国际家庭日所在周为全国家庭教育宣传周。

第二章 家庭责任

第十四条 父母或者其他监护人应当树立家庭是第一个课堂、家长是第一任老师的责任意识,承担对未成年人实施家庭教育的主体责任,用正确思想、方法和行为教育未成年人养成良好思想、品行和习惯。

共同生活的具有完全民事行为能力的其他家庭成员应当协助和配合未成年人的父母或者其他监护人实施家庭教育。

第十五条 未成年人的父母或者其他监护人及其他家庭成员应当注重家庭建设,培育积极健康的家庭文化,树立和传承优良家风,弘扬中华民族家庭美德,共同构建文明、和睦的家庭关系,为未成年人健康成长营造良好的家庭环境。

第十六条 未成年人的父母或者其他监护人应当针对不同年龄段未成年人的身心发展特点,以下列内容为指引,开展家庭教育:

(一)教育未成年人爱党、爱国、爱人民、爱集体、爱社会主义,树立维护国家统一的观念,铸牢中华民族共同体意识,培养家国情怀;

(二)教育未成年人崇德向善、尊老爱幼、热爱家庭、勤俭节约、团结互助、诚信友爱、遵纪守法,培养其良好社会公德、家庭美德、个人品德意识和法治意识;

(三)帮助未成年人树立正确的成才观,引导其培养广泛兴趣爱好、健康审美追求和良好学习习惯,增强科学探索精神、创新意识和能力;

(四)保证未成年人营养均衡、科学运动、睡眠充足、身心愉悦,引导其养成良好生活习惯和行为习惯,促进其身心健康发展;

(五)关注未成年人心理健康,教导其珍爱生命,对其进行交通出行、健康上网和防欺凌、防溺水、防诈骗、防拐卖、防性侵等方面的安全知识教育,帮助其掌握安全知识和技能,增强其自我保护的意识和能力；

（六）帮助未成年人树立正确的劳动观念，参加力所能及的劳动，提高生活自理能力和独立生活能力，养成吃苦耐劳的优秀品格和热爱劳动的良好习惯。

第十七条　未成年人的父母或者其他监护人实施家庭教育，应当关注未成年人的生理、心理、智力发展状况，尊重其参与相关家庭事务和发表意见的权利，合理运用以下方式方法：

（一）亲自养育，加强亲子陪伴；

（二）共同参与，发挥父母双方的作用；

（三）相机而教，寓教于日常生活之中；

（四）潜移默化，言传与身教相结合；

（五）严慈相济，关心爱护与严格要求并重；

（六）尊重差异，根据年龄和个性特点进行科学引导；

（七）平等交流，予以尊重、理解和鼓励；

（八）相互促进，父母与子女共同成长；

（九）其他有益于未成年人全面发展、健康成长的方式方法。

第十八条　未成年人的父母或者其他监护人应当树立正确的家庭教育理念，自觉学习家庭教育知识，在孕期和未成年人进入婴幼儿照护服务机构、幼儿园、中小学校等重要时段进行有针对性的学习，掌握科学的家庭教育方法，提高家庭教育的能力。

第十九条　未成年人的父母或者其他监护人应当与中小学校、幼儿园、婴幼儿照护服务机构、社区密切配合，积极参加其提供的公益性家庭教育指导和实践活动，共同促进未成年人健康成长。

第二十条　未成年人的父母分居或者离异的，应当相互配合履行家庭教育责任，任何一方不得拒绝或者怠于履行；除法律另有规定外，不得阻碍另一方实施家庭教育。

第二十一条　未成年人的父母或者其他监护人依法委托他人代为照护未成年人的，应当与被委托人、未成年人保持联系，定期了解未成年人学习、生活情况和心理状况，与被委托人共同履行家庭教育责任。

第二十二条　未成年人的父母或者其他监护人应当合理安排未成年人学习、休息、娱乐和体育锻炼的时间，避免加重未成年人学习负担，预防未成年人沉迷网络。

第二十三条　未成年人的父母或者其他监护人不得因性别、身体状况、智力等歧视未成年人，不得实施家庭暴力，不得胁迫、引诱、教唆、纵容、利用未成年人从事违反法律法规和社会公德的活动。

第三章　国家支持

第二十四条　国务院应当组织有关部门制定、修订并及时颁布全国家庭教育指导大纲。

省级人民政府或者有条件的设区的市级人民政府应当组织有关部门编写或者采用适合当地实际的家庭教育指导读本，制定相应的家庭教育指导服务工作规范和评估规范。

第二十五条　省级以上人民政府应当组织有关部门统筹建设家庭教育信息化共享服务平台，开设公益性网上家长学校和网络课程，开通服务热线，提供线上家庭教育指导服务。

第二十六条　县级以上地方人民政府应当加强监督管理，减轻义务教育阶段学生作业负担和校外培训负担，畅通学校家庭沟通渠道，推进学校教育和家庭教育相互配合。

第二十七条 县级以上地方人民政府及有关部门组织建立家庭教育指导服务专业队伍，加强对专业人员的培养，鼓励社会工作者、志愿者参与家庭教育指导服务工作。

第二十八条 县级以上地方人民政府可以结合当地实际情况和需要，通过多种途径和方式确定家庭教育指导机构。

家庭教育指导机构对辖区内社区家长学校、学校家长学校及其他家庭教育指导服务站点进行指导，同时开展家庭教育研究、服务人员队伍建设和培训、公共服务产品研发。

第二十九条 家庭教育指导机构应当及时向有需求的家庭提供服务。

对于父母或者其他监护人履行家庭教育责任存在一定困难的家庭，家庭教育指导机构应当根据具体情况，与相关部门协作配合，提供有针对性的服务。

第三十条 设区的市、县、乡级人民政府应当结合当地实际采取措施，对留守未成年人和困境未成年人家庭建档立卡，提供生活帮扶、创业就业支持等关爱服务，为留守未成年人和困境未成年人的父母或者其他监护人实施家庭教育创造条件。

教育行政部门、妇女联合会应当采取有针对性的措施，为留守未成年人和困境未成年人的父母或者其他监护人实施家庭教育提供服务，引导其积极关注未成年人身心健康状况、加强亲情关爱。

第三十一条 家庭教育指导机构开展家庭教育指导服务活动，不得组织或者变相组织营利性教育培训。

第三十二条 婚姻登记机构和收养登记机构应当通过现场咨询辅导、播放宣传教育片等形式，向办理婚姻登记、收养登记的当事人宣传家庭教育知识，提供家庭教育指导。

第三十三条　儿童福利机构、未成年人救助保护机构应当对本机构安排的寄养家庭、接受救助保护的未成年人的父母或者其他监护人提供家庭教育指导。

第三十四条　人民法院在审理离婚案件时，应当对有未成年子女的夫妻双方提供家庭教育指导。

第三十五条　妇女联合会发挥妇女在弘扬中华民族家庭美德、树立良好家风等方面的独特作用，宣传普及家庭教育知识，通过家庭教育指导机构、社区家长学校、文明家庭建设等多种渠道组织开展家庭教育实践活动，提供家庭教育指导服务。

第三十六条　自然人、法人和非法人组织可以依法设立非营利性家庭教育服务机构。

县级以上地方人民政府及有关部门可以采取政府补贴、奖励激励、购买服务等扶持措施，培育家庭教育服务机构。

教育、民政、卫生健康、市场监督管理等有关部门应当在各自职责范围内，依法对家庭教育服务机构及从业人员进行指导和监督。

第三十七条　国家机关、企业事业单位、群团组织、社会组织应当将家风建设纳入单位文化建设，支持职工参加相关的家庭教育服务活动。

文明城市、文明村镇、文明单位、文明社区、文明校园和文明家庭等创建活动，应当将家庭教育情况作为重要内容。

第四章　社会协同

第三十八条　居民委员会、村民委员会可以依托城乡社区公共服务设施，设立社区家长学校等家庭教育指导服务站点，配合家庭教育指导机构组织面向居民、村民的家庭教育知识宣传，为未成年人的父母或者其他监护人提供家庭教育指导服务。

第三十九条　中小学校、幼儿园应当将家庭教育指导服务纳入工作计划，作为教师业务培训的内容。

第四十条　中小学校、幼儿园可以采取建立家长学校等方式，针对不同年龄段未成年人的特点，定期组织公益性家庭教育指导服务和实践活动，并及时联系、督促未成年人的父母或者其他监护人参加。

第四十一条　中小学校、幼儿园应当根据家长的需求，邀请有关人员传授家庭教育理念、知识和方法，组织开展家庭教育指导服务和实践活动，促进家庭与学校共同教育。

第四十二条　具备条件的中小学校、幼儿园应当在教育行政部门的指导下，为家庭教育指导服务站点开展公益性家庭教育指导服务活动提供支持。

第四十三条　中小学校发现未成年学生严重违反校规校纪的，应当及时制止、管教，告知其父母或者其他监护人，并为其父母或者其他监护人提供有针对性的家庭教育指导服务；发现未成年学生有不良行为或者严重不良行为的，按照有关法律规定处理。

第四十四条　婴幼儿照护服务机构、早期教育服务机构应当为未成年人的父母或者其他监护人提供科学养育指导等家庭教育指导服务。

第四十五条　医疗保健机构在开展婚前保健、孕产期保健、儿童保健、预防接种等服务时，应当对有关成年人、未成年人的父母或者其他监护人开展科学养育知识和婴幼儿早期发展的宣传和指导。

第四十六条　图书馆、博物馆、文化馆、纪念馆、美术馆、科技馆、体育场馆、青少年宫、儿童活动中心等公共文化服务机构和爱国主义教育基地每年应当定期开展公益性家庭教育宣传、家庭教育指导服务和实践活动,开发家庭教育类公共文化服务产品。

广播、电视、报刊、互联网等新闻媒体应当宣传正确的家庭教育知识,传播科学的家庭教育理念和方法,营造重视家庭教育的良好社会氛围。

第四十七条　家庭教育服务机构应当加强自律管理,制定家庭教育服务规范,组织从业人员培训,提高从业人员的业务素质和能力。

第五章　法律责任

第四十八条　未成年人住所地的居民委员会、村民委员会、妇女联合会,未成年人的父母或者其他监护人所在单位,以及中小学校、幼儿园等有关密切接触未成年人的单位,发现父母或者其他监护人拒绝、怠于履行家庭教育责任,或者非法阻碍其他监护人实施家庭教育的,应当予以批评教育、劝诫制止,必要时督促其接受家庭教育指导。

未成年人的父母或者其他监护人依法委托他人代为照护未成年人,有关单位发现被委托人不依法履行家庭教育责任的,适用前款规定。

第四十九条　公安机关、人民检察院、人民法院在办理案件过程中,发现未成年人存在严重不良行为或者实施犯罪行为,或者未成年人的父母或者其他监护人不正确实施家庭教育侵害未成年人合法权益的,根据情况对父母或者其他监护人予以训诫,并可以责令其接受家庭教育指导。

第五十条　负有家庭教育工作职责的政府部门、机构有下列情形之一的，由其上级机关或者主管单位责令限期改正；情节严重的，对直接负责的主管人员和其他直接责任人员依法予以处分：

（一）不履行家庭教育工作职责；

（二）截留、挤占、挪用或者虚报、冒领家庭教育工作经费；

（三）其他滥用职权、玩忽职守或者徇私舞弊的情形。

第五十一条　家庭教育指导机构、中小学校、幼儿园、婴幼儿照护服务机构、早期教育服务机构违反本法规定，不履行或者不正确履行家庭教育指导服务职责的，由主管部门责令限期改正；情节严重的，对直接负责的主管人员和其他直接责任人员依法予以处分。

第五十二条　家庭教育服务机构有下列情形之一的，由主管部门责令限期改正；拒不改正或者情节严重的，由主管部门责令停业整顿、吊销营业执照或者撤销登记：

（一）未依法办理设立手续；

（二）从事超出许可业务范围的行为或作虚假、引人误解宣传，产生不良后果；

（三）侵犯未成年人及其父母或者其他监护人合法权益。

第五十三条　未成年人的父母或者其他监护人在家庭教育过程中对未成年人实施家庭暴力的，依照《中华人民共和国未成年人保护法》、《中华人民共和国反家庭暴力法》等法律的规定追究法律责任。

第五十四条　违反本法规定，构成违反治安管理行为的，由公安机关依法予以治安管理处罚；构成犯罪的，依法追究刑事责任。

第六章　附　　则

第五十五条　本法自 2022 年 1 月 1 日起施行。

中华人民共和国预防未成年人犯罪法

（1999年6月28日第九届全国人民代表大会常务委员会第十次会议通过 根据2012年10月26日第十一届全国人民代表大会常务委员会第二十九次会议《关于修改〈中华人民共和国预防未成年人犯罪法〉的决定》修正 2020年12月26日第十三届全国人民代表大会常务委员会第二十四次会议修订 2020年12月26日中华人民共和国主席令第64号公布 自2021年6月1日起施行）

目 录

第一章 总 则
第二章 预防犯罪的教育
第三章 对不良行为的干预
第四章 对严重不良行为的矫治
第五章 对重新犯罪的预防
第六章 法律责任
第七章 附 则

第一章 总 则

第一条 为了保障未成年人身心健康，培养未成年人良好品行，有效预防未成年人违法犯罪，制定本法。

第二条 预防未成年人犯罪，立足于教育和保护未成年人相结合，坚持预防为主、提前干预，对未成年人的不良行为和严重不良行为及时进行分级预防、干预和矫治。

第三条 开展预防未成年人犯罪工作，应当尊重未成年人人格尊严，保护未成年人的名誉权、隐私权和个人信息等合法权益。

第四条 预防未成年人犯罪，在各级人民政府组织下，实行综合治理。

国家机关、人民团体、社会组织、企业事业单位、居民委员会、村民委员会、学校、家庭等各负其责、相互配合，共同做好预防未成年人犯罪工作，及时消除滋生未成年人违法犯罪行为的各种消极因素，为未成年人身心健康发展创造良好的社会环境。

第五条 各级人民政府在预防未成年人犯罪方面的工作职责是：

（一）制定预防未成年人犯罪工作规划；

（二）组织公安、教育、民政、文化和旅游、市场监督管理、网信、卫生健康、新闻出版、电影、广播电视、司法行政等有关部门开展预防未成年人犯罪工作；

（三）为预防未成年人犯罪工作提供政策支持和经费保障；

（四）对本法的实施情况和工作规划的执行情况进行检查；

（五）组织开展预防未成年人犯罪宣传教育；

（六）其他预防未成年人犯罪工作职责。

第六条 国家加强专门学校建设，对有严重不良行为的未成年人进行专门教育。专门教育是国民教育体系的组成部分，是对有严重不良行为的未成年人进行教育和矫治的重要保护处分措施。

省级人民政府应当将专门教育发展和专门学校建设纳入经济社会发展规划。县级以上地方人民政府成立专门教育指导委员会，根据需要合理设置专门学校。

专门教育指导委员会由教育、民政、财政、人力资源社会保障、公安、司法行政、人民检察院、人民法院、共产主义青年团、妇女联合会、关心下一代工作委员会、专门学校等单位，以及律师、社会工作者等人员组成，研究确定专门学校教学、管理等相关工作。

专门学校建设和专门教育具体办法，由国务院规定。

第七条　公安机关、人民检察院、人民法院、司法行政部门应当由专门机构或者经过专业培训、熟悉未成年人身心特点的专门人员负责预防未成年人犯罪工作。

第八条　共产主义青年团、妇女联合会、工会、残疾人联合会、关心下一代工作委员会、青年联合会、学生联合会、少年先锋队以及有关社会组织，应当协助各级人民政府及其有关部门、人民检察院和人民法院做好预防未成年人犯罪工作，为预防未成年人犯罪培育社会力量，提供支持服务。

第九条　国家鼓励、支持和指导社会工作服务机构等社会组织参与预防未成年人犯罪相关工作，并加强监督。

第十条　任何组织或者个人不得教唆、胁迫、引诱未成年人实施不良行为或者严重不良行为，以及为未成年人实施上述行为提供条件。

第十一条　未成年人应当遵守法律法规及社会公共道德规范，树立自尊、自律、自强意识，增强辨别是非和自我保护的能力，自觉抵制各种不良行为以及违法犯罪行为的引诱和侵害。

第十二条　预防未成年人犯罪，应当结合未成年人不同年龄的生理、心理特点，加强青春期教育、心理关爱、心理矫治和预防犯罪对策的研究。

第十三条　国家鼓励和支持预防未成年人犯罪相关学科建设、专业设置、人才培养及科学研究，开展国际交流与合作。

第十四条　国家对预防未成年人犯罪工作有显著成绩的组织和个人，给予表彰和奖励。

第二章　预防犯罪的教育

第十五条　国家、社会、学校和家庭应当对未成年人加强社会主义核心价值观教育，开展预防犯罪教育，增强未成年人的法治观念，使未成年人树立遵纪守法和防范违法犯罪的意识，提高自我管控能力。

第十六条　未成年人的父母或者其他监护人对未成年人的预防犯罪教育负有直接责任，应当依法履行监护职责，树立优良家风，培养未成年人良好品行；发现未成年人心理或者行为异常的，应当及时了解情况并进行教育、引导和劝诫，不得拒绝或者怠于履行监护职责。

第十七条　教育行政部门、学校应当将预防犯罪教育纳入学校教学计划，指导教职员工结合未成年人的特点，采取多种方式对未成年学生进行有针对性的预防犯罪教育。

第十八条　学校应当聘任从事法治教育的专职或者兼职教师，并可以从司法和执法机关、法学教育和法律服务机构等单位聘请法治副校长、校外法治辅导员。

第十九条　学校应当配备专职或者兼职的心理健康教育教师，开展心理健康教育。学校可以根据实际情况与专业心理健康机构合作，建立心理健康筛查和早期干预机制，预防和解决学生心理、行为异常问题。

学校应当与未成年学生的父母或者其他监护人加强沟通，共同做好未成年学生心理健康教育；发现未成年学生可能患有精神障碍的，应当立即告知其父母或者其他监护人送相关专业机构诊治。

第二十条 教育行政部门应当会同有关部门建立学生欺凌防控制度。学校应当加强日常安全管理，完善学生欺凌发现和处置的工作流程，严格排查并及时消除可能导致学生欺凌行为的各种隐患。

第二十一条 教育行政部门鼓励和支持学校聘请社会工作者长期或者定期进驻学校，协助开展道德教育、法治教育、生命教育和心理健康教育，参与预防和处理学生欺凌等行为。

第二十二条 教育行政部门、学校应当通过举办讲座、座谈、培训等活动，介绍科学合理的教育方法，指导教职员工、未成年学生的父母或者其他监护人有效预防未成年人犯罪。

学校应当将预防犯罪教育计划告知未成年学生的父母或者其他监护人。未成年学生的父母或者其他监护人应当配合学校对未成年学生进行有针对性的预防犯罪教育。

第二十三条 教育行政部门应当将预防犯罪教育的工作效果纳入学校年度考核内容。

第二十四条 各级人民政府及其有关部门、人民检察院、人民法院、共产主义青年团、少年先锋队、妇女联合会、残疾人联合会、关心下一代工作委员会等应当结合实际，组织、举办多种形式的预防未成年人犯罪宣传教育活动。有条件的地方可以建立青少年法治教育基地，对未成年人开展法治教育。

第二十五条 居民委员会、村民委员会应当积极开展有针对性的预防未成年人犯罪宣传活动，协助公安机关维护学校周围治安，及时掌握本辖区内未成年人的监护、就学和就业情况，组织、引导社区社会组织参与预防未成年人犯罪工作。

第二十六条　青少年宫、儿童活动中心等校外活动场所应当把预防犯罪教育作为一项重要的工作内容，开展多种形式的宣传教育活动。

第二十七条　职业培训机构、用人单位在对已满十六周岁准备就业的未成年人进行职业培训时，应当将预防犯罪教育纳入培训内容。

第三章　对不良行为的干预

第二十八条　本法所称不良行为，是指未成年人实施的不利于其健康成长的下列行为：

（一）吸烟、饮酒；

（二）多次旷课、逃学；

（三）无故夜不归宿、离家出走；

（四）沉迷网络；

（五）与社会上具有不良习性的人交往，组织或者参加实施不良行为的团伙；

（六）进入法律法规规定未成年人不宜进入的场所；

（七）参与赌博、变相赌博，或者参加封建迷信、邪教等活动；

（八）阅览、观看或者收听宣扬淫秽、色情、暴力、恐怖、极端等内容的读物、音像制品或者网络信息等；

（九）其他不利于未成年人身心健康成长的不良行为。

第二十九条　未成年人的父母或者其他监护人发现未成年人有不良行为的，应当及时制止并加强管教。

第三十条　公安机关、居民委员会、村民委员会发现本辖区内未成年人有不良行为的，应当及时制止，并督促其父母或者其他监护人依法履行监护职责。

第三十一条　学校对有不良行为的未成年学生，应当加强管理教育，不得歧视；对拒不改正或者情节严重的，学校可以根据情况予以处分或者采取以下管理教育措施：

（一）予以训导；

（二）要求遵守特定的行为规范；

（三）要求参加特定的专题教育；

（四）要求参加校内服务活动；

（五）要求接受社会工作者或者其他专业人员的心理辅导和行为干预；

（六）其他适当的管理教育措施。

第三十二条　学校和家庭应当加强沟通，建立家校合作机制。学校决定对未成年学生采取管理教育措施的，应当及时告知其父母或者其他监护人；未成年学生的父母或者其他监护人应当支持、配合学校进行管理教育。

第三十三条　未成年学生偷窃少量财物，或者有殴打、辱骂、恐吓、强行索要财物等学生欺凌行为，情节轻微的，可以由学校依照本法第三十一条规定采取相应的管理教育措施。

第三十四条　未成年学生旷课、逃学的，学校应当及时联系其父母或者其他监护人，了解有关情况；无正当理由的，学校和未成年学生的父母或者其他监护人应当督促其返校学习。

第三十五条　未成年人无故夜不归宿、离家出走的，父母或者其他监护人、所在的寄宿制学校应当及时查找，必要时向公安机关报告。

收留夜不归宿、离家出走未成年人的，应当及时联系其父母或者其他监护人、所在学校；无法取得联系的，应当及时向公安机关报告。

第三十六条　对夜不归宿、离家出走或者流落街头的未成年人，公安机关、公共场所管理机构等发现或者接到报告后，应当及时采取有效保护措施，并通知其父母或者其他监护人、所在的寄宿制学校，必要时应当护送其返回住所、学校；无法与其父母或者其他监护人、学校取得联系的，应当护送未成年人到救助保护机构接受救助。

第三十七条　未成年人的父母或者其他监护人、学校发现未成年人组织或者参加实施不良行为的团伙，应当及时制止；发现该团伙有违法犯罪嫌疑的，应当立即向公安机关报告。

第四章　对严重不良行为的矫治

第三十八条　本法所称严重不良行为，是指未成年人实施的有刑法规定、因不满法定刑事责任年龄不予刑事处罚的行为，以及严重危害社会的下列行为：

（一）结伙斗殴，追逐、拦截他人，强拿硬要或者任意损毁、占用公私财物等寻衅滋事行为；

（二）非法携带枪支、弹药或者弩、匕首等国家规定的管制器具；

（三）殴打、辱骂、恐吓，或者故意伤害他人身体；

（四）盗窃、哄抢、抢夺或者故意损毁公私财物；

（五）传播淫秽的读物、音像制品或者信息等；

（六）卖淫、嫖娼，或者进行淫秽表演；

（七）吸食、注射毒品，或者向他人提供毒品；

（八）参与赌博赌资较大；

（九）其他严重危害社会的行为。

第三十九条　未成年人的父母或者其他监护人、学校、居民委员会、村民委员会发现有人教唆、胁迫、引诱未成年人实施严重不良行为的，应当立即向公安机关报告。公安机关接到报告或者发现有上述情形，应当及时依法查处；对人身安全受到威胁的未成年人，应当立即采取有效保护措施。

第四十条　公安机关接到举报或者发现未成年人有严重不良行为的，应当及时制止，依法调查处理，并可以责令其父母或者其他监护人消除或者减轻违法后果，采取措施严加管教。

第四十一条　对有严重不良行为的未成年人，公安机关可以根据具体情况，采取以下矫治教育措施：

（一）予以训诫；

（二）责令赔礼道歉、赔偿损失；

（三）责令具结悔过；

（四）责令定期报告活动情况；

（五）责令遵守特定的行为规范，不得实施特定行为、接触特定人员或者进入特定场所；

（六）责令接受心理辅导、行为矫治；

（七）责令参加社会服务活动；

（八）责令接受社会观护，由社会组织、有关机构在适当场所对未成年人进行教育、监督和管束；

（九）其他适当的矫治教育措施。

第四十二条　公安机关在对未成年人进行矫治教育时，可以根据需要邀请学校、居民委员会、村民委员会以及社会工作服务机构等社会组织参与。

未成年人的父母或者其他监护人应当积极配合矫治教育措施的实施，不得妨碍阻挠或者放任不管。

第四十三条 对有严重不良行为的未成年人，未成年人的父母或者其他监护人、所在学校无力管教或者管教无效的，可以向教育行政部门提出申请，经专门教育指导委员会评估同意后，由教育行政部门决定送入专门学校接受专门教育。

第四十四条 未成年人有下列情形之一的，经专门教育指导委员会评估同意，教育行政部门会同公安机关可以决定将其送入专门学校接受专门教育：

（一）实施严重危害社会的行为，情节恶劣或者造成严重后果；

（二）多次实施严重危害社会的行为；

（三）拒不接受或者配合本法第四十一条规定的矫治教育措施；

（四）法律、行政法规规定的其他情形。

第四十五条 未成年人实施刑法规定的行为、因不满法定刑事责任年龄不予刑事处罚的，经专门教育指导委员会评估同意，教育行政部门会同公安机关可以决定对其进行专门矫治教育。

省级人民政府应当结合本地的实际情况，至少确定一所专门学校按照分校区、分班级等方式设置专门场所，对前款规定的未成年人进行专门矫治教育。

前款规定的专门场所实行闭环管理，公安机关、司法行政部门负责未成年人的矫治工作，教育行政部门承担未成年人的教育工作。

第四十六条 专门学校应当在每个学期适时提请专门教育指导委员会对接受专门教育的未成年学生的情况进行评估。对经评估适合转回普通学校就读的，专门教育指导委员会应当向原决定机关提出书面建议，由原决定机关决定是否将未成年学生转回普通学校就读。

原决定机关决定将未成年学生转回普通学校的，其原所在学校不得拒绝接收；因特殊情况，不适宜转回原所在学校的，由教育行政部门安排转学。

第四十七条 专门学校应当对接受专门教育的未成年人分级分类进行教育和矫治，有针对性地开展道德教育、法治教育、心理健康教育，并根据实际情况进行职业教育；对没有完成义务教育的未成年人，应当保证其继续接受义务教育。

专门学校的未成年学生的学籍保留在原学校，符合毕业条件的，原学校应当颁发毕业证书。

第四十八条 专门学校应当与接受专门教育的未成年人的父母或者其他监护人加强联系，定期向其反馈未成年人的矫治和教育情况，为父母或者其他监护人、亲属等看望未成年人提供便利。

第四十九条 未成年人及其父母或者其他监护人对本章规定的行政决定不服的，可以依法提起行政复议或者行政诉讼。

第五章　对重新犯罪的预防

第五十条 公安机关、人民检察院、人民法院办理未成年人刑事案件，应当根据未成年人的生理、心理特点和犯罪的情况，有针对性地进行法治教育。

对涉及刑事案件的未成年人进行教育，其法定代理人以外的成年亲属或者教师、辅导员等参与有利于感化、挽救未成年人的，公安机关、人民检察院、人民法院应当邀请其参加有关活动。

第五十一条 公安机关、人民检察院、人民法院办理未成年人刑事案件，可以自行或者委托有关社会组织、机构对未成年犯罪嫌疑人或者被告人的成长经历、犯罪原因、监护、教育等情况进行社会调查；根据实际需要并经未成年犯罪嫌疑人、被告人及其法定代理人同意，可以对未成年犯罪嫌疑人、被告人进行心理测评。

社会调查和心理测评的报告可以作为办理案件和教育未成年人的参考。

第五十二条 公安机关、人民检察院、人民法院对于无固定住所、无法提供保证人的未成年人适用取保候审的，应当指定合适成年人作为保证人，必要时可以安排取保候审的未成年人接受社会观护。

第五十三条 对被拘留、逮捕以及在未成年犯管教所执行刑罚的未成年人，应当与成年人分别关押、管理和教育。对未成年人的社区矫正，应当与成年人分别进行。

对有上述情形且没有完成义务教育的未成年人，公安机关、人民检察院、人民法院、司法行政部门应当与教育行政部门相互配合，保证其继续接受义务教育。

第五十四条 未成年犯管教所、社区矫正机构应当对未成年犯、未成年社区矫正对象加强法治教育，并根据实际情况对其进行职业教育。

第五十五条 社区矫正机构应当告知未成年社区矫正对象安置帮教的有关规定，并配合安置帮教工作部门落实或者解决未成年社区矫正对象的就学、就业等问题。

第五十六条 对刑满释放的未成年人，未成年犯管教所应当提前通知其父母或者其他监护人按时接回，并协助落实安置帮教措施。没有父母或者其他监护人、无法查明其父母或者其他监护人的，未成年犯管教所应当提前通知未成年人原户籍所在地或者居住地的司法行政部门安排人员按时接回，由民政部门或者居民委员会、村民委员会依法对其进行监护。

第五十七条　未成年人的父母或者其他监护人和学校、居民委员会、村民委员会对接受社区矫正、刑满释放的未成年人，应当采取有效的帮教措施，协助司法机关以及有关部门做好安置帮教工作。

居民委员会、村民委员会可以聘请思想品德优秀，作风正派，热心未成年人工作的离退休人员、志愿者或其他人员协助做好前款规定的安置帮教工作。

第五十八条　刑满释放和接受社区矫正的未成年人，在复学、升学、就业等方面依法享有与其他未成年人同等的权利，任何单位和个人不得歧视。

第五十九条　未成年人的犯罪记录依法被封存的，公安机关、人民检察院、人民法院和司法行政部门不得向任何单位或者个人提供，但司法机关因办案需要或者有关单位根据国家有关规定进行查询的除外。依法进行查询的单位和个人应当对相关记录信息予以保密。

未成年人接受专门矫治教育、专门教育的记录，以及被行政处罚、采取刑事强制措施和不起诉的记录，适用前款规定。

第六十条　人民检察院通过依法行使检察权，对未成年人重新犯罪预防工作等进行监督。

第六章　法律责任

第六十一条　公安机关、人民检察院、人民法院在办理案件过程中发现实施严重不良行为的未成年人的父母或者其他监护人不依法履行监护职责的，应当予以训诫，并可以责令其接受家庭教育指导。

第六十二条　学校及其教职员工违反本法规定，不履行预防未成年人犯罪工作职责，或者虐待、歧视相关未成年人的，由教育行政等部门责令改正，通报批评；情节严重的，对直接负责的主管人员和其他直接责任人员依法给予处分。构成违反治安管理行为的，由公安机关依法予以治安管理处罚。

教职员工教唆、胁迫、引诱未成年人实施不良行为或者严重不良行为，以及品行不良、影响恶劣的，教育行政部门、学校应当依法予以解聘或者辞退。

第六十三条　违反本法规定，在复学、升学、就业等方面歧视相关未成年人的，由所在单位或者教育、人力资源社会保障等部门责令改正；拒不改正的，对直接负责的主管人员或者其他直接责任人员依法给予处分。

第六十四条　有关社会组织、机构及其工作人员虐待、歧视接受社会观护的未成年人，或者出具虚假社会调查、心理测评报告的，由民政、司法行政等部门对直接负责的主管人员或者其他直接责任人员依法给予处分，构成违反治安管理行为的，由公安机关予以治安管理处罚。

第六十五条　教唆、胁迫、引诱未成年人实施不良行为或者严重不良行为，构成违反治安管理行为的，由公安机关依法予以治安管理处罚。

第六十六条　国家机关及其工作人员在预防未成年人犯罪工作中滥用职权、玩忽职守、徇私舞弊的，对直接负责的主管人员和其他直接责任人员，依法给予处分。

第六十七条　违反本法规定，构成犯罪的，依法追究刑事责任。

第七章　附　　则

第六十八条　本法自2021年6月1日起施行。

未成年人网络保护条例

（2023年9月20日国务院第15次常务会议通过 2023年10月16日中华人民共和国国务院令第766号公布 自2024年1月1日起施行）

第一章 总 则

第一条 为了营造有利于未成年人身心健康的网络环境，保障未成年人合法权益，根据《中华人民共和国未成年人保护法》、《中华人民共和国网络安全法》、《中华人民共和国个人信息保护法》等法律，制定本条例。

第二条 未成年人网络保护工作应当坚持中国共产党的领导，坚持以社会主义核心价值观为引领，坚持最有利于未成年人的原则，适应未成年人身心健康发展和网络空间的规律和特点，实行社会共治。

第三条 国家网信部门负责统筹协调未成年人网络保护工作，并依据职责做好未成年人网络保护工作。

国家新闻出版、电影部门和国务院教育、电信、公安、民政、文化和旅游、卫生健康、市场监督管理、广播电视等有关部门依据各自职责做好未成年人网络保护工作。

县级以上地方人民政府及其有关部门依据各自职责做好未成年人网络保护工作。

第四条 共产主义青年团、妇女联合会、工会、残疾人联合会、关心下一代工作委员会、青年联合会、学生联合会、少年先锋队以及其他人民团体、有关社会组织、基层群众性自治组织，协助有关部门做好未成年人网络保护工作，维护未成年人合法权益。

第五条 学校、家庭应当教育引导未成年人参加有益身心健康的活动，科学、文明、安全、合理使用网络，预防和干预未成年人沉迷网络。

第六条 网络产品和服务提供者、个人信息处理者、智能终端产品制造者和销售者应当遵守法律、行政法规和国家有关规定，尊重社会公德，遵守商业道德，诚实信用，履行未成年人网络保护义务，承担社会责任。

第七条 网络产品和服务提供者、个人信息处理者、智能终端产品制造者和销售者应当接受政府和社会的监督，配合有关部门依法实施涉及未成年人网络保护工作的监督检查，建立便捷、合理、有效的投诉、举报渠道，通过显著方式公布投诉、举报途径和方法，及时受理并处理公众投诉、举报。

第八条 任何组织和个人发现违反本条例规定的，可以向网信、新闻出版、电影、教育、电信、公安、民政、文化和旅游、卫生健康、市场监督管理、广播电视等有关部门投诉、举报。收到投诉、举报的部门应当及时依法作出处理；不属于本部门职责的，应当及时移送有权处理的部门。

第九条 网络相关行业组织应当加强行业自律，制定未成年人网络保护相关行业规范，指导会员履行未成年人网络保护义务，加强对未成年人的网络保护。

第十条 新闻媒体应当通过新闻报道、专题栏目（节目）、公益广告等方式，开展未成年人网络保护法律法规、政策措施、典型案例和有关知识的宣传，对侵犯未成年人合法权益的行为进行舆论监督，引导全社会共同参与未成年人网络保护。

第十一条 国家鼓励和支持在未成年人网络保护领域加强科学研究和人才培养，开展国际交流与合作。

第十二条 对在未成年人网络保护工作中作出突出贡献的组织和个人，按照国家有关规定给予表彰和奖励。

第二章　网络素养促进

第十三条 国务院教育部门应当将网络素养教育纳入学校素质教育内容，并会同国家网信部门制定未成年人网络素养测评指标。

教育部门应当指导、支持学校开展未成年人网络素养教育，围绕网络道德意识形成、网络法治观念培养、网络使用能力建设、人身财产安全保护等，培育未成年人网络安全意识、文明素养、行为习惯和防护技能。

第十四条 县级以上人民政府应当科学规划、合理布局，促进公益性上网服务均衡协调发展，加强提供公益性上网服务的公共文化设施建设，改善未成年人上网条件。

县级以上地方人民政府应当通过为中小学校配备具有相应专业能力的指导教师、政府购买服务或者鼓励中小学校自行采购相关服务等方式，为学生提供优质的网络素养教育课程。

第十五条 学校、社区、图书馆、文化馆、青少年宫等场所为未成年人提供互联网上网服务设施的，应当通过安排专业人员、招募志愿者等方式，以及安装未成年人网络保护软件或者采取其他安全保护技术措施，为未成年人提供上网指导和安全、健康的上网环境。

第十六条 学校应当将提高学生网络素养等内容纳入教育教学活动，并合理使用网络开展教学活动，建立健全学生在校期间上网的管理制度，依法规范管理未成年学生带入学校的智能终端产品，帮助学生养成良好上网习惯，培养学生网络安全和网络法治意识，增强学生对网络信息的获取和分析判断能力。

第十七条　未成年人的监护人应当加强家庭家教家风建设，提高自身网络素养，规范自身使用网络的行为，加强对未成年人使用网络行为的教育、示范、引导和监督。

第十八条　国家鼓励和支持研发、生产和使用专门以未成年人为服务对象、适应未成年人身心健康发展规律和特点的网络保护软件、智能终端产品和未成年人模式、未成年人专区等网络技术、产品、服务，加强网络无障碍环境建设和改造，促进未成年人开阔眼界、陶冶情操、提高素质。

第十九条　未成年人网络保护软件、专门供未成年人使用的智能终端产品应当具有有效识别违法信息和可能影响未成年人身心健康的信息、保护未成年人个人信息权益、预防未成年人沉迷网络、便于监护人履行监护职责等功能。

国家网信部门会同国务院有关部门根据未成年人网络保护工作的需要，明确未成年人网络保护软件、专门供未成年人使用的智能终端产品的相关技术标准或者要求，指导监督网络相关行业组织按照有关技术标准和要求对未成年人网络保护软件、专门供未成年人使用的智能终端产品的使用效果进行评估。

智能终端产品制造者应当在产品出厂前安装未成年人网络保护软件，或者采用显著方式告知用户安装渠道和方法。智能终端产品销售者在产品销售前应当采用显著方式告知用户安装未成年人网络保护软件的情况以及安装渠道和方法。

未成年人的监护人应当合理使用并指导未成年人使用网络保护软

件、智能终端产品等,创造良好的网络使用家庭环境。

第二十条 未成年人用户数量巨大或者对未成年人群体具有显著影响的网络平台服务提供者,应当履行下列义务:

(一)在网络平台服务的设计、研发、运营等阶段,充分考虑未成年人身心健康发展特点,定期开展未成年人网络保护影响评估;

(二)提供未成年人模式或者未成年人专区等,便利未成年人获取有益身心健康的平台内产品或者服务;

(三)按照国家规定建立健全未成年人网络保护合规制度体系,成立主要由外部成员组成的独立机构,对未成年人网络保护情况进行监督;

(四)遵循公开、公平、公正的原则,制定专门的平台规则,明确平台内产品或者服务提供者的未成年人网络保护义务,并以显著方式提示未成年人用户依法享有的网络保护权利和遭受网络侵害的救济途径;

(五)对违反法律、行政法规严重侵害未成年人身心健康或者侵犯未成年人其他合法权益的平台内产品或者服务提供者,停止提供服务;

(六)每年发布专门的未成年人网络保护社会责任报告,并接受社会监督。

前款所称的未成年人用户数量巨大或者对未成年人群体具有显著影响的网络平台服务提供者的具体认定办法,由国家网信部门会同有关部门另行制定。

第三章 网络信息内容规范

第二十一条 国家鼓励和支持制作、复制、发布、传播弘扬社会主义核心价值观和社会主义先进文化、革命文化、中华优秀传统文化，铸牢中华民族共同体意识，培养未成年人家国情怀和良好品德，引导未成年人养成良好生活习惯和行为习惯等的网络信息，营造有利于未成年人健康成长的清朗网络空间和良好网络生态。

第二十二条　任何组织和个人不得制作、复制、发布、传播含有宣扬淫秽、色情、暴力、邪教、迷信、赌博、引诱自残自杀、恐怖主义、分裂主义、极端主义等危害未成年人身心健康内容的网络信息。

任何组织和个人不得制作、复制、发布、传播或者持有有关未成年人的淫秽色情网络信息。

第二十三条　网络产品和服务中含有可能引发或者诱导未成年人模仿不安全行为、实施违反社会公德行为、产生极端情绪、养成不良嗜好等可能影响未成年人身心健康的信息的，制作、复制、发布、传播该信息的组织和个人应当在信息展示前予以显著提示。

国家网信部门会同国家新闻出版、电影部门和国务院教育、电信、公安、文化和旅游、广播电视等部门，在前款规定基础上确定可能影响未成年人身心健康的信息的具体种类、范围、判断标准和提示办法。

第二十四条　任何组织和个人不得在专门以未成年人为服务对象的网络产品和服务中制作、复制、发布、传播本条例第二十三条第一款规定的可能影响未成年人身心健康的信息。

网络产品和服务提供者不得在首页首屏、弹窗、热搜等处于产品或者服务醒目位置、易引起用户关注的重点环节呈现本条例第二十三条第一款规定的可能影响未成年人身心健康的信息。

网络产品和服务提供者不得通过自动化决策方式向未成年人进行商业营销。

第二十五条　任何组织和个人不得向未成年人发送、推送或者诱骗、强迫未成年人接触含有危害或者可能影响未成年人身心健康内容的网络信息。

第二十六条　任何组织和个人不得通过网络以文字、图片、音视频等形式，对未成年人实施侮辱、诽谤、威胁或者恶意损害形象等网络欺凌行为。

网络产品和服务提供者应当建立健全网络欺凌行为的预警预防、识别监测和处置机制，设置便利未成年人及其监护人保存遭受网络欺凌记录、行使通知权利的功能、渠道，提供便利未成年人设置屏蔽陌生用户、本人发布信息可见范围、禁止转载或者评论本人发布信息、禁止向本人发送信息等网络欺凌信息防护选项。

网络产品和服务提供者应当建立健全网络欺凌信息特征库，优化相关算法模型，采用人工智能、大数据等技术手段和人工审核相结合的方式加强对网络欺凌信息的识别监测。

第二十七条　任何组织和个人不得通过网络以文字、图片、音视频等形式，组织、教唆、胁迫、引诱、欺骗、帮助未成年人实施违法犯罪行为。

第二十八条　以未成年人为服务对象的在线教育网络产品和服务提供者，应当按照法律、行政法规和国家有关规定，根据不同年龄阶段未成年人身心发展特点和认知能力提供相应的产品和服务。

第二十九条　网络产品和服务提供者应当加强对用户发布信息的管理，采取有效措施防止制作、复制、发布、传播违反本条例第二十二条、第二十四条、第二十五条、第二十六条第一款、第二十七条规定的信息，发现违反上述条款规定的信息的，应当立即停止传输相关信息，采取删除、屏蔽、断开链接等处置措施，防止信息扩散，保存有关记录，向网信、公安等部门报告，并对制作、复制、发布、传播上述信息的用户采取警示、限制功能、暂停服务、关闭账号等处置措施。

网络产品和服务提供者发现用户发布、传播本条例第二十三条第一款规定的信息未予显著提示的，应当作出提示或者通知用户予以提示；未作出提示的，不得传输该信息。

第三十条　国家网信、新闻出版、电影部门和国务院教育、电信、公安、文化和旅游、广播电视等部门发现违反本条例第二十二条、第二十四条、第二十五条、第二十六条第一款、第二十七条规定的信息的，或者发现本条例第二十三条第一款规定的信息未予显著提示的，应当要求网络产品和服务提供者按照本条例第二十九条的规定予以处理；对来源于境外的上述信息，应当依法通知有关机构采取技术措施和其他必要措施阻断传播。

第四章　个人信息网络保护

第三十一条　网络服务提供者为未成年人提供信息发布、即时通讯等服务的，应当依法要求未成年人或者其监护人提供未成年人真实身份信息。未成年人或者其监护人不提供未成年人真实身份信息的，网络服务提供者不得为未成年人提供相关服务。

网络直播服务提供者应当建立网络直播发布者真实身份信息动态核验机制，不得向不符合法律规定情形的未成年人用户提供网络直播发布服务。

第三十二条　个人信息处理者应当严格遵守国家网信部门和有关部门关于网络产品和服务必要个人信息范围的规定，不得强制要求未成年人或者其监护人同意非必要的个人信息处理行为，不得因为未成年人或者其监护人不同意处理未成年人非必要个人信息或者撤回同意，拒绝未成年人使用其基本功能服务。

第三十三条　未成年人的监护人应当教育引导未成年人增强个人信息保护意识和能力、掌握个人信息范围、了解个人信息安全风险，指导未成年人行使其在个人信息处理活动中的查阅、复制、更正、补充、删除等权利，保护未成年人个人信息权益。

第三十四条　未成年人或者其监护人依法请求查阅、复制、更正、补充、删除未成年人个人信息的，个人信息处理者应当遵守以下规定：

（一）提供便捷的支持未成年人或者其监护人查阅未成年人个人信息种类、数量等的方法和途径，不得对未成年人或者其监护人的合理请求进行限制；

（二）提供便捷的支持未成年人或者其监护人复制、更正、补充、删除未成年人个人信息的功能，不得设置不合理条件；

（三）及时受理并处理未成年人或者其监护人查阅、复制、更正、补充、删除未成年人个人信息的申请，拒绝未成年人或者其监护人行使权利的请求的，应当书面告知申请人并说明理由。

对未成年人或者其监护人依法提出的转移未成年人个人信息的请求，符合国家网信部门规定条件的，个人信息处理者应当提供转移的途径。

第三十五条　发生或者可能发生未成年人个人信息泄露、篡改、丢失的，个人信息处理者应当立即启动个人信息安全事件应急预案，采取补救措施，及时向网信等部门报告，并按照国家有关规定将事件情况以邮件、信函、电话、信息推送等方式告知受影响的未成年人及其监护人。

个人信息处理者难以逐一告知的，应当采取合理、有效的方式及时发布相关警示信息,法律、行政法规另有规定的除外。

第三十六条 个人信息处理者对其工作人员应当以最小授权为原则,严格设定信息访问权限,控制未成年人个人信息知悉范围。工作人员访问未成年人个人信息的,应当经过相关负责人或者其授权的管理人员审批,记录访问情况,并采取技术措施,避免违法处理未成年人个人信息。

第三十七条 个人信息处理者应当自行或者委托专业机构每年对其处理未成年人个人信息遵守法律、行政法规的情况进行合规审计,并将审计情况及时报告网信等部门。

第三十八条 网络服务提供者发现未成年人私密信息或者未成年人通过网络发布的个人信息中涉及私密信息的,应当及时提示,并采取停止传输等必要保护措施,防止信息扩散。

网络服务提供者通过未成年人私密信息发现未成年人可能遭受侵害的,应当立即采取必要措施保存有关记录,并向公安机关报告。

第五章 网络沉迷防治

第三十九条 对未成年人沉迷网络进行预防和干预,应当遵守法律、行政法规和国家有关规定。

教育、卫生健康、市场监督管理等部门依据各自职责对从事未成年人沉迷网络预防和干预活动的机构实施监督管理。

第四十条 学校应当加强对教师的指导和培训,提高教师对未成年学生沉迷网络的早期识别和干预能力。对于有沉迷网络倾向的未成年学生,学校应当及时告知其监护人,共同对未成年学生进行教育和引导,帮助其恢复正常的学习生活。

第四十一条　未成年人的监护人应当指导未成年人安全合理使用网络，关注未成年人上网情况以及相关生理状况、心理状况、行为习惯，防范未成年人接触危害或者可能影响其身心健康的网络信息，合理安排未成年人使用网络的时间，预防和干预未成年人沉迷网络。

第四十二条　网络产品和服务提供者应当建立健全防沉迷制度，不得向未成年人提供诱导其沉迷的产品和服务，及时修改可能造成未成年人沉迷的内容、功能和规则，并每年向社会公布防沉迷工作情况，接受社会监督。

第四十三条　网络游戏、网络直播、网络音视频、网络社交等网络服务提供者应当针对不同年龄阶段未成年人使用其服务的特点，坚持融合、友好、实用、有效的原则，设置未成年人模式，在使用时段、时长、功能和内容等方面按照国家有关规定和标准提供相应的服务，并以醒目便捷的方式为监护人履行监护职责提供时间管理、权限管理、消费管理等功能。

第四十四条　网络游戏、网络直播、网络音视频、网络社交等网络服务提供者应当采取措施，合理限制不同年龄阶段未成年人在使用其服务中的单次消费数额和单日累计消费数额，不得向未成年人提供与其民事行为能力不符的付费服务。

第四十五条　网络游戏、网络直播、网络音视频、网络社交等网络服务提供者应当采取措施，防范和抵制流量至上等不良价值倾向，不得设置以应援集资、投票打榜、刷量控评等为主题的网络社区、群组、话题，不得诱导未成年人参与应援集资、投票打榜、刷量控评等网络活动，并预防和制止其用户诱导未成年人实施上述行为。

第四十六条　网络游戏服务提供者应当通过统一的未成年人网络游戏电子身份认证系统等必要手段验证未成年人用户真实身份信息。

网络产品和服务提供者不得为未成年人提供游戏账号租售服务。

第四十七条　网络游戏服务提供者应当建立、完善预防未成年人沉迷网络的游戏规则，避免未成年人接触可能影响其身心健康的游戏内容或者游戏功能。

网络游戏服务提供者应当落实适龄提示要求，根据不同年龄阶段未成年人身心发展特点和认知能力，通过评估游戏产品的类型、内容与功能等要素，对游戏产品进行分类，明确游戏产品适合的未成年人用户年龄阶段，并在用户下载、注册、登录界面等位置予以显著提示。

第四十八条　新闻出版、教育、卫生健康、文化和旅游、广播电视、网信等部门应当定期开展预防未成年人沉迷网络的宣传教育，监督检查网络产品和服务提供者履行预防未成年人沉迷网络义务的情况，指导家庭、学校、社会组织互相配合，采取科学、合理的方式对未成年人沉迷网络进行预防和干预。

国家新闻出版部门牵头组织开展未成年人沉迷网络游戏防治工作，会同有关部门制定关于向未成年人提供网络游戏服务的时段、时长、消费上限等管理规定。

卫生健康、教育等部门依据各自职责指导有关医疗卫生机构、高等学校等，开展未成年人沉迷网络所致精神障碍和心理行为问题的基础研究和筛查评估、诊断、预防、干预等应用研究。

第四十九条　严禁任何组织和个人以虐待、胁迫等侵害未成年人身心健康的方式干预未成年人沉迷网络、侵犯未成年人合法权益。

第六章　法律责任

第五十条　地方各级人民政府和县级以上有关部门违反本条例规

定，不履行未成年人网络保护职责的，由其上级机关责令改正；拒不改正或者情节严重的，对负有责任的领导人员和直接责任人员依法给予处分。

第五十一条 学校、社区、图书馆、文化馆、青少年宫等违反本条例规定，不履行未成年人网络保护职责的，由教育、文化和旅游等部门依据各自职责责令改正；拒不改正或者情节严重的，对负有责任的领导人员和直接责任人员依法给予处分。

第五十二条 未成年人的监护人不履行本条例规定的监护职责或者侵犯未成年人合法权益的，由未成年人居住地的居民委员会、村民委员会、妇女联合会，监护人所在单位，中小学校、幼儿园等有关密切接触未成年人的单位依法予以批评教育、劝诫制止、督促其接受家庭教育指导等。

第五十三条 违反本条例第七条、第十九条第三款、第三十八条第二款规定的，由网信、新闻出版、电影、教育、电信、公安、民政、文化和旅游、市场监督管理、广播电视等部门依据各自职责责令改正；拒不改正或者情节严重的，处 5 万元以上 50 万元以下罚款，对直接负责的主管人员和其他直接责任人员处 1 万元以上 10 万元以下罚款。

第五十四条 违反本条例第二十条第一款规定的，由网信、新闻出版、电信、公安、文化和旅游、广播电视等部门依据各自职责责令改正，给予警告，没收违法所得；拒不改正的，并处 100 万元以下罚款，对直接负责的主管人员和其他直接责任人员处 1 万元以上 10 万元以下罚款。

违反本条例第二十条第一款第一项和第五项规定，情节严重的，由省级以上网信、新闻出版、电信、公安、文化和旅游、广播电视等部门依据各自职责责令改正，没收违法所得，并处5000万元以下或者上一年度营业额百分之五以下罚款，并可以责令暂停相关业务或者停业整顿、通报有关部门依法吊销相关业务许可证或吊销营业执照；对直接负责的主管人员和其他直接责任人员处10万元以上100万元以下罚款，并可以决定禁止其在一定期限内担任相关企业的董事、监事、高级管理人员和未成年人保护负责人。

第五十五条 违反本条例第二十四条、第二十五条规定的，由网信、新闻出版、电影、电信、公安、文化和旅游、市场监督管理、广播电视等部门依据各自职责责令限期改正，给予警告，没收违法所得，可以并处10万元以下罚款；拒不改正或者情节严重的，责令暂停相关业务、停产停业或者吊销相关业务许可证、吊销营业执照，违法所得100万元以上的，并处违法所得1倍以上10倍以下罚款，没有违法所得或者违法所得不足100万元的，并处10万元以上100万元以下罚款。

第五十六条 违反本条例第二十六条第二款和第三款、第二十八条、第二十九条第一款、第三十一条第二款、第三十六条、第三十八条第一款、第四十二条至第四十五条、第四十六条第二款、第四十七条规定的，由网信、新闻出版、电影、教育、电信、公安、文化和旅游、广播电视等部门依据各自职责责令改正，给予警告，没收违法所得，违法所得100万元以上的，并处违法所得1倍以上10倍以下罚款，没有违法所得或者违法所得不足100万元的，并处10万元以上100万元以下罚款，对直接负责的主管人员和其他直接责任人员处1万元以上10万元以下罚款；拒不改正或者情节严重的，并可以责令暂停相关业务、停业整顿、关闭网站、吊销相关业务许可证或者吊销营业执照。

225

第五十七条　网络产品和服务提供者违反本条例规定，受到关闭网站、吊销相关业务许可证或者吊销营业执照处罚的，5年内不得重新申请相关许可，其直接负责的主管人员和其他直接责任人员5年内不得从事同类网络产品和服务业务。

第五十八条　违反本条例规定，侵犯未成年人合法权益，给未成年人造成损害的，依法承担民事责任；构成违反治安管理行为的，依法给予治安管理处罚；构成犯罪的，依法追究刑事责任。

第七章　附　　则

第五十九条　本条例所称智能终端产品，是指可以接入网络、具有操作系统、能够由用户自行安装应用软件的手机、计算机等网络终端产品。

第六十条　本条例自2024年1月1日起施行。